TRAVEL BIBLE Series

Follow me! 여행 중국어

2010년 7월 30일 개정판 1쇄 발행
2018년 12월 10일 개정판 4쇄 발행

저자 SY언어개발팀
펴낸이 정정례
펴낸곳 삼영서관
기획 이장희
디자인 디자인클립

주소 서울 동대문구 한천로 229 3F
전화 02) 2242-3668 팩스 02) 6499-3658
홈페이지 www.sysk.kr
이메일 syskbooks@naver.com
등록일 1978년 9월 18일
등록번호 제1-261호

ISBN 978-89-7318-339-5 13720

책값 7,000원

*파본은 교환하여 드립니다.

contents
이 책의 순서

이 책의 순서
이렇게 꾸몄습니다

○ **여행정보**
여권과 비자 만들기 • 10
공항 도착에서 출국까지 • 13
여행 준비물 • 16

○ **기본표현**
패턴으로 익히는 중요표현 • 18
실용단어 • 24
기본표현 • 28

○ **출국 준비**
① 항공권 전화 예약 • 36
② 항공권 직접 구입 • 40
③ 항공권 재확인 • 44
④ 항공권 취소 및 변경 • 48

○ **비행기 타기**
① 탑승 안내 • 50
② 좌석 찾기 • 54
③ 기내 서비스 • 58
④ 기내 쇼핑 • 62
⑤ 기내 서비스 요청 • 66
⑥ 입국 신고서 작성 • 72
⑦ 환승 • 74

○ **공항 도착**
① 입국 심사 • 78
② 세관 검사 • 82
③ 수하물 찾기 • 86
④ 환전 • 88
⑤ 호텔로 이동 • 92

○ **교통수단**
① 버스 • 94
② 기차 • 100
③ 택시 • 108
④ 자전거 • 112
⑤ 선박 • 114
⑥ 지하철 • 116
⑦ 렌터카 • 120
⑧ 주유소 • 124
⑨ 드라이브 • 126

○ **숙박**
① 호텔 예약 • 130
② 호텔 체크인 • 136
③ 룸서비스 • 144
④ 문제 발생 • 150
⑤ 호텔 체크아웃 • 156
⑥ 유스호스텔 • 162

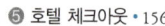
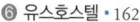

식사
1. 레스토랑 예약과 안내 • 168
2. 식사 주문 • 172
3. 음식 • 176
4. 식탁에서 • 180
5. 후식(디저트) 주문 • 182
6. 음료 주문 • 184
7. 패스트푸드점 • 188
8. 계산하기 • 192

관광
1. 관광 안내소 • 196
2. 여행 자료 • 202
3. 길 안내 • 204
4. 사진 촬영 • 208
5. 미술관·박물관 • 212
6. 공연장 • 216
7. 영화관 • 218
8. 스포츠와 레포츠 • 220
9. 술집 • 222
10. 디스코장 • 224

쇼핑
1. 쇼핑 안내 • 226
2. 화장품 가게 • 228
3. 옷 가게 • 230
4. 안경 가게 • 234
5. 사진관 • 236
6. 보석 가게 • 238
7. 미용실 • 240
8. 슈퍼마켓 • 242
9. 계산하기 • 246
10. 포장 • 248
11. 배달 • 250
12. 반품 및 환불 • 252

통신·우편
1. 우편 • 256
2. 공중전화 • 260
3. 국제전화 • 264
4. 인터넷·팩스 • 268

문제 발생
1. 긴급 상황 • 270
2. 도난 • 272
3. 분실 • 276
4. 신용카드·여권 재발급 • 278
5. 병원 • 280
6. 약국 • 286
7. 차 고장 • 290
8. 교통사고 • 292
9. 길을 잃었을 때 • 296

귀국
1. 예약 재확인 • 300
2. 출국 • 302

핵심 단어장 • 308

1. 급할 땐 이것만이라도!

가장 중요한 표현을 선별하여 표지 안쪽 면에 수록하여, 급할 때 책만 펼치면 바로 볼 수 있도록 구성하였습니다.

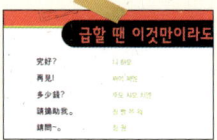

2. 패턴으로 익히는 중요 표현

하나의 패턴에 그때그때 필요한 단어만 바꾸어 넣으면 각 상황에 필요한 표현을 쉽게 만들어 사용할 수 있습니다.

3. 중요 표현

유용한 표현 중에서 가장 활용도가 높으면서, 쉽고 간결한 표현을 골랐습니다. 앞부분에 강조되어 있어서 보기에 편리합니다.

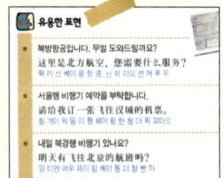

4. 유용한 표현

이 책의 핵심 부분입니다. 여행지에서 일어날 수 있는 여러 상황을 구성하여, 각 상황마다 꼭 필요한 필수 표현들을 수록하였습니다.

TRAVEL BIBLE Series

5 어휘
유용한 표현에서 언급된 어휘를 다룹니다. 사전이 필요 없습니다.

6 실용회화
여행자를 중심으로 여행지에서 일어날 수 있는 실제 대화를 연출하였습니다. 풍부한 삽화로 그 상황을 재현하여 공부하는 재미를 더했습니다.

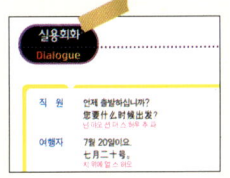

7 팁(Tip)
여행에 필요한 모든 정보가 담겨있어 유용합니다.

8 깜짝 센스
우리와는 다른 문화를 가진 외국에서 순간순간 당황하지 않도록 주의사항과 에티켓을 알려줍니다.

여행정보

- 여권과 비자 만들기
- 공항 도착에서 출국까지
- 여행 준비물

여권과 비자 만들기

1 여권 만들기

여권이란 간단히 말해 한국인의 신분증이다. 다시 말하면 해외여행을 위해 외국으로 떠나는 사람에게 정부가 여행을 허가해 준 허가증이며, 여행 중 한국인임을 증명할 수 있는 신분증명서이다.

여권은 여행자 수표를 현지 화폐로 환전할 때, 면세품을 구입할 때, 렌터카를 임대하거나 호텔에 투숙할 때 반드시 제시하여야 하며 신분증 역할을 하므로 해외여행 내내 소지하고 다녀야 한다.

현재는 여권 위·변조 및 여권 도용 억제를 통해 여권의 보안성을 극대화하고, 궁극적으로 해외를 여행하는 우리 국민들의 편의를 증진시키기 위해 전자여권이 도입되었다. 전자여권(ePassport, electronic passport)이란, 비접촉식 IC칩을 내장하여 바이오인식정보(Biometric data)와 신원정보를 저장한 여권을 말한다.

여권 발급시 필요한 서류

1. 여권발급신청서
2. 여권용 사진 1매(※ 긴급 사진부착식 여권 신청시에는 2매 제출)
3. 신분증
4. 재외공관에서의 신청 경우 : 주재국의 체류허가서(입국비자 등)
5. 18세이상 35세이하 남자의 경우(군미필자 및 군복무를 마치지 아니한 자)
   · 국외여행허가서(25세 이상 35세 이하) · 기타 병역 관계 서류
6. 미성년자(18세 미만)의 경우
   · 여권 발급동의서(동의자가 직접 신청하는 경우는 생략)
   ※ 동의자(부모, 친권자, 후견인 등 법정대리인) 작성

2 비자 만들기

비자란 입국사증을 나타내는 말로 비자에 명시된 대로 그 나라에서 일정기간의 체류를 허용한다는 증명서로 이것이 없을 경우 입국을 거부당한다. 여행국가 중에는 비자를 요구하는 국가가 있는가 하면 비자 없이 자유로이 여행할 수 있는 국가도 많다. 우리나라와 비자 면제협정을 맺고 있는 서유럽 전국가 및 헝가리, 동남아 일부 국가는 비자 없이도 0~90일간 체류가 가능하다. 비자는 국내 제외공관(대사관)에서 여권에 기재해 준다.

비자 면제협정 체결국가 현황 (2009. 9. 1. 현재)

적용대상	국가명		
외교관 / 관용 (24개국)	필리핀(무제한), 파라과이(90일), 이란(3개월), 몽골(30일), 베넹(90일), 베트남(90일), 에콰도르 (외교: 업무수행기간, 관용: 3개월), 사이프러스(90일), 벨리즈 (90일), 이집트(90일), 파키스탄(3개월), 일본(3개월), 크로아티아(90일), 우루과이 (90일), 인도(90일), 아르헨티나(90일), 러시아(90일), 알제리(90일), 벨라루스(90일), 아제르바이잔(30일), 캄보디아(60일), 카자흐스탄(90일) , 방글라데시(90일), 라오스(90일)		
외교관 / 관용 / 일반	30일(1개국)	튀니지	
	60일(2개국)	포르투갈, 레소토	
	90일 (60개국)	아주지역 (4개국)	태국, 싱가폴, 뉴질랜드, 말레이시아
		미주지역 (24개국)	바베이도스, 바하마, 코스타리카, 콜롬비아, 파나마, 도미니카(공), 도미니카(연), 그레나다, 자메이카, 페루, 아이티, 세인트루시아, 세인트키츠네비스, 브라질, 세인트빈센트그레나딘, 트리니다드토바고, 수리남,

11

외교관 / 관용 / 일반	90일 (60개국)	미주지역 (24개국)	안티구아바부다, 니카라과, 엘살바도르, 멕시코, 칠레, 과테말라, 베네수엘라(외교,관용 30일, 일반90일)
		구주지역 (29개국)	**쉥겐국(25개국 중 슬로베니아 제외)** 그리스, 오스트리아(외교·관용 180일), 스위스, 프랑스, 네덜란드, 벨기에, 룩셈부르크, 독일, 스페인, 몰타, 폴란드, 헝가리, 체코, 슬로바키아, 이탈리아, 라트비아 리투아니아, (이하 180일 중 90일) 에스토니 아, 핀란드, 스웨덴, 덴마크, 노르웨이, 아이슬랜드(포르투갈 은 60일에 해당) **비쉥겐국** 리히텐슈타인, 영국, 아일랜드, 불가리아, 루마니아, 터키
		중동·아프 리카지역	(3개국)모로코, 라이베리아, 이스라엘

★ 캐나다 : 상호합의에 의거 6개월간 사증면제(협정 미체결, 1998.4.10)
★ 파키스탄 : 2001.10.1부터 일반여권 소지자에 대한 사증면제 일시중지 상태
★ 방글라데시 : 2008.7.15일자로 일반여권 소지자에 대한 사증면제협정 일시정지
★ 이말리아 : 협정상의 체류기간은 60일이나 상호주의로 90일간 체류기간 부여(2003. 6.15)
★ 일본 : 일반은 구상서 교환에 의한 90일간 사증면제(외교 · 관용은 사증면제협정체결)
★ 우크라이나 : 우리국민에 대한 일방적 사증면제(2006.6.24부 발효), 우크라이나 국민은
  사증필요
★ 라오스 : 2009.8.1부터 협정 시행

공항 도착에서 출국까지

1 공항 도착

적어도 출발 시간 3시간 전에는 공항에 도착하여야 한다.

2 항공사 탑승수속

- **좌석배정**

  해당 항공사의 카운터에서 좌석을 배정 받고, 위탁수하물을 보낸다.

- **위탁수하물 보내기**
  - 위탁수하물로 보낼 짐과 기내에 가지고 들어갈 짐을 미리 정리하여 수속하도록 한다. 기내로 가지고 들어갈 수 없는 물품은 위탁수하물로 보내도록 한다.

  - 기내 반입 물품 기준(항공사마다 기준이 다름)
    통상적으로 일반석에 적용되는 수하물의 크기와 무게는 개당 $55 \times 40 \times 20$(cm) 3면의 합 115(cm) 이하로써 10kg ~12kg 까지이다.

  - 위탁수하물 무료 허용 기준
    통상적으로 미주구간은 23kg 이내이고, 미주 외 구간은 30kg이다.

기내 반입 금지 물품

칼, 가위, 면도칼 등 뾰족하거나 날카로운 물품 / 총기류 및 장난감 총 / 불꽃놀이, 폭죽, 신호탄, 모형 권총, 라이터, 최루 가스 / 향수 / 전해물 건전지 / 휴대용 버너, 부탄가스, SCUBA탱크 / 페인트, 광택제, 헤어스프레이 (래커) 유독성 물질, 전염성 있는 물질, 방사성 물질 / 화학 물품, 화학 비료, 제초제, 구충제, 살충제 / 페인트 박리제, 표백제, 염소, 세척제 / 연료, 희석제, 용제, 아세톤과 같은 가연성 액체 / 수은 체온계, 기압계

3 출국신고서 작성

2006년 8월 1일부터는 출국신고서가 전면적으로 생략되어 한결 빠르고 편하게 출국심사를 받을 수 있다.

4 병무·검역신고

병역 의무자가 국외를 여행하고자 할 때는 병무청에 국외여행허가를 받고 출국 당일 법무부 출입국에서 출국심사 시 국외여행허가증명서를 제출하여야 한다.

5 세관 신고

- 미화 1만 불을 초과하는 일반 해외 여행경비 휴대 반출 시에는 세관 외환신고대에 신고하여야 한다.
- 여행 중 사용하고 다시 가져올 귀중품 또는 고가품은 출국하기 전 세관에 신고한 후 "휴대물품반출신고서"를 받아야 입국 시에 면세를 받을 수 있다.

6 출국 보안심사

여권, 탑승권을 출국장 입장 시 보안요원에게 보여 준다.

- 휴대물품을 X-ray 검색대 벨트 위에 올려놓는다.
- 겉옷과 소지품(휴대폰, 열쇠, 지갑, 동전 등)도 모두 꺼내 검색용 바구니에 넣는다.
- 문형탐지기 통과 후 검색요원의 검색을 받는다.

7 출국 심사

여권과 탑승권을 준비하고 출국심사대 앞 대기선에서 기다린다. 순서가 오면 심사관에게 여권과 탑승권을 제시하고 출국확인을 받는다.

8 탑승

이제 출국을 위한 수속은 모두 끝났다. 가장 먼저 할 일은 탑승구 위치를 확인하는 것이다. 늦어도 출발 시간 30분 전에는 게이트에 미리 도착해 있도록 한다. 시내면세점에서 미리 구입한 물품은 면세품 인도장에서 수령하도록 한다. 탑승시간까지 대합실에서 휴식을 취하거나 면세점을 이용해 보자.

면세점(DUTY FREE점)

여행 준비물

- 여권(분실 대비용 여권 복사본 – 여권과 다른 곳에 보관할 것)
- 항공권
- 비자
- 현금 및 신용카드
- 증명사진(비자용, 예비용)
- 국제학생증
- 국제운전면허증
- 여행자 보험증

준비물 체크 목록

세면도구	☐ 칫솔 ☐ 치약 ☐ 면도기 ☐ 바디용품 ☐ 생리용품
화 장 품	☐ 기초화장품 ☐ 색조화장품 ☐ 자외선 차단크림
안 경	☐ 선글라스 ☐ 콘택트렌즈 ☐ 식염수 ☐ 예비용 안경
비상약품	☐ 소화제 ☐ 감기약 ☐ 멀미약 ☐ 진통제 ☐ 위장약 ☐ 설사약 ☐ 복용중인 약
의 류	☐ 속옷 ☐ 양말 ☐ 긴소매 옷 ☐ 상의 ☐ 하의 ☐ 재킷(여행지에 따라) ☐ 모자
가 방	☐ 휴대하기 쉽고 중요한 물건을 넣어 가지고 다닐 작은 가방
도 서	☐ 지도 ☐ 여행가이드 도서 ☐ 전자사전
카 메 라	☐ 휴대가 간편한 작은 사이즈 ☐ 배터리 ☐ 메모리 카드
휴 대 폰	☐ (로밍 가능여부 미리 확인)
신 발	☐ 편한 신발이나 운동화 ☐ 샌들
기 타	☐ 수첩과 필기도구 ☐ 휴대용 우산

기본표현

1. 패턴으로 익히는 중요표현
2. 실용단어
3. 기본표현

패턴으로 익히는 중요표현

1. (저에게) ~을 주십시오. 请给我 _____ 。 칭 게이 워 ~

(저에게) 물을 주십시오.
请给我水。 칭 게이 워 수이

이렇게도 바꿔보세요!

- 계산서 **帐单** 짱 딴
- 시내지도 **市内地图** 스 네이 띠 투
- 티켓 **票** 피아오
- 이것으로 2인분 **这两份** 쩌 량 펀
- 음료수 **饮料** 인 랴오
- 맥주 **啤酒** 피 지우
- 우유 **牛奶** 니우 나이
- 담요 **毯子** 탄 즈

2. ~를 불러주세요. 请叫 _____ 。 칭 찌아오 ~

구급차를 불러주세요.
请叫救护车。 칭 찌아오 찌우 후 처

이렇게도 바꿔보세요!

- 경찰 **警察** 징 차
- 의사 **医生** 이 성

3 ~을 잃어버렸습니다. 丢了 _____ 。 띠우 러 ~

가방을 잃어버렸습니다.
丢了包。 띠우 러 빠오

이렇게도 바꿔보세요!

- 돈 钱 치엔
- 신용카드 信用卡 신 용 카
- 여권 护照 후 짜오
- 지갑 钱包 치엔 빠오
- 티켓 票 피아오
- 여행자 수표 旅行支票 뤼 싱 쯔 피아오

4 ~하려고 합니다. 我想 _____ 。 워 샹 ~

예약을 재확인하고 싶은데요.
我想重新确认预订。 워 샹 총 신 츄에 런 위 띵

이렇게도 바꿔보세요!

- 비행장에 가다 去机场 취 찌 창
- 비행기표를 예약하다 订飞机票 띵 페이 찌 피아오
- 원화를 달러로 환전하다 换钱 환 치엔
- 예약을 확인하다 确认预订 츄에 런 위 띵
- 예약을 변경하다 更改预订 껑 가이 위 띵
- 호텔방을 예약하다 订房 띵 팡
- 낚시하러 가다 去钓鱼 취 띠아오 위
- 카누를 타다 坐独木舟 쭈오 두 무 쩌우

기본표현

5 ~은 어디에 있습니까? ____ 在哪儿? ~짜이 날

안내 데스크는 어디에 있습니까?
咨询台在哪儿? 쯔 쉰 타이 짜이 날

이렇게도 바꿔보세요!

- 대한 항공 카운터 **大韩航空柜台** 따 한 항 콩 꾸이 타이
- 면세점 **免税店** 미엔 쑤이 띠엔
- 매표소 **售票处** 쇼우 피아오 추
- 탑승 게이트 **登机口** 떵 찌 커우
- 분실물 센터 **失物招领处** 스 우 짜오 링 추
- 입구·출구 **入口/出口** 루 커우/ 추 커우
- 화장실 **卫生间** 웨이 성 찌엔
- 환전소 **外币兑换处** 와이 삐 뚜이 환 추
- 20번 게이트 **20号登机口** 얼 스 하오 떵 찌 커우
- 환승 카운터 **转机口** 주안 지 커우
- 수화물 수취대 **行李收取台** 싱 리 쇼우 취 타이
- 택시 정류소 **出租车乘降站** 추 쭈 처 청 시앙 짠
- 버스정류소 **汽车站** 치 처 짠
- 지하철역 **地铁站** 띠 티에 짠
- 락카 **小橱柜** 시아오 추 꾸이
- 약국 **药房** 야오 팡
- 한국대사관 **韩国大使馆** 한 궈 따 스 관

6 ~해도 됩니까? 可以＿＿吗? 커이~ 마

(이 옷을) 입어봐도 됩니까?
(这个衣服), 可以试穿一下吗? (쩌거이푸), 커이 스 츄안 이 샤 마

▶ 이렇게도 바꿔보세요!

- 담배를 피우다 抽烟 초우옌
- 사진을 찍다 拍照 파이짜오
- 여기에 앉다 坐这儿 쭈오쩔
- 이것을 가지다 拿这个 나쩌거
- 화장실을 이용하다 用卫生间 융웨이셩찌엔
- 이름을 묻다 问名字 원밍즈
- 자기 소개를 하다 自我介绍 쯔워찌에샤오
- 안으로 들어가다 进里面 찐리미엔
- 창문을 열다 开窗 카이촹
- 창문을 닫다 关窗 꾸안촹
- 그것을 사용하다 使用那个 스융나거

기본표현

7. ~은 얼마입니까? _____ 是多少钱? ~ 쓰 뚜오 샤오 치엔

버스요금은 얼마입니까?
车费是多少钱? 처 페이 쓰 뚜오 샤오 치엔

이렇게도 바꿔보세요!

- 그것 那 나
- 이것 这 쩌
- 두 장 两张 량 짱
- 이것 전부 这全部 쩌 츄엔 뿌
- 예약금 订金 띵 찐
- 한 병 一瓶 이 핑
- 저 옷들 那些衣服 나 시에 이 푸
- 초과 요금 超重费 챠오 쭝 페이
- 입장료 入场费 루 창 페이

8. ~에 어떻게 갑니까? 怎么去 _____ ? 전 머 취 ~

거기에 어떻게 가죠?
怎么去那儿? 전 머 취 날

이렇게도 바꿔보세요!

- 호텔 宾馆 삔 관
- 항구 港口 강 커우
- 시내 市内 스 네이

9 ~있습니까? 有 _____ 吗? 여우~마

커피 있습니까?
有咖啡吗? 여우 카페이 마

이렇게도 바꿔보세요!

- 다른 디자인 **别的款式** 비에 더 콴 쓰
- 건전지 **电磁** 띠엔 츠
- 담요 **毯子** 탄 즈
- 맥주 **啤酒** 피 지우
- 복사기 **复印机** 푸 인 찌
- 베개 **枕头** 전 터우
- 차 **茶** 차
- 필름 **胶卷** 찌아오 쥬엔
- 쇼핑할 시간 **购物时间** 꺼우 우 스 지엔
- (한국어로 된) 안내책자 **咨询册(韩语板)** 쯔 쉰 처 (한 위 반)

기본표현

실용단어

각종 서비스 시설 명칭 ★★ Chinese Name

현금 자동 입출금기	自动提款机	쯔 똥 티 콴 찌
코인 락커	投币保管箱	토우 삐 바오 관 샹
물품 대여점	物品租赁处	우 핀 쭈 린 추
자동 판매기	自动售货机	쯔 똥 쇼우 후오 찌
화장실	卫生间	웨이 셩 찌엔
스낵바	快餐店	콰이 찬 띠엔
로비	大厅	따 팅
프론트	前台	치엔 타이
구내전화	分机	펀 찌
엘리베이터	电梯	띠엔 티
에스컬레이터	扶梯	푸 티
여행 안내소	旅游服务中心	뤼 여우 푸 우 쭝 씬
탈의실	更衣室	껑 이 쓰
렌터카	租车	쭈 처

 ** Numbers

- 1 一 이
- 2 二 얼
- 3 三 싼
- 4 四 쓰
- 5 五 우
- 6 六 리우
- 7 七 치
- 8 八 빠
- 9 九 지우
- 10 十 스
- 11 十一 스 이
- 12 十二 스 얼
- 13 十三 스 싼
- 14 十四 스 쓰
- 15 十五 스 우
- 16 十六 스 리우
- 17 十七 스 치
- 18 十八 스 빠
- 19 十九 스 지우
- 20 二十 얼 스
- 30 三十 싼 스
- 40 四十 쓰 스
- 50 五十 우 스
- 60 六十 리우 스
- 70 七十 치 스
- 80 八十 빠 스
- 90 九十 지우 스
- 100 一百 이 바이
- 1,000 一千 이 치엔
- 10,000 一万 이 완

 읽기 ** Reading numbers

- 3.5元 三块五 싼 콰이 우
- 782-3650 七八二三六五零 치 빠 얼 싼 리우 우 링
- 8:30 八点三十分 빠 디엔 싼 스
- 2004년 4월 15일 二零零四年四月十五号
  얼 링 링 쓰 니엔 쓰 위에 스 우 하오
- Flight No. 302 302 号航班 싼 링 얼 하오 항 빤
- Room 203 二零三号房间 얼 링 싼 하오 팡 찌엔

기본표현

25

표지판 ** Signs

잔디에 들어가지 마시오.	请勿进入草坪。	칭 우 찐 루 치오 핑
비상구	太平门	타이 핑 먼
안내소	服务台	푸 우 타이
개조심	小心狗!	시아오 신 거우
출구	出口	추 커우
입구	入口	루 커우
위험	危险	웨이 시엔
수리중	正在修理	쩡 짜이 시우 리
출입금지	禁止出入	찐 즈 추 루
멈춤	停	팅
매진	卖尽	마이 찐
당기시오	拉	라
미시오	推	투이
비었음	无	우
사용중	使用中	스 용 쭝
예약	预订	위 띵
금연	禁烟	찐 옌
버튼을 누르세요	请按钮	칭 안 니우
관계자외 출입금지	除工作人员，请勿出入。 추 꽁 쭈오 런 위엔 칭 우 추 루	
주차 금지	禁止停车	찐 즈 팅 처
일방통행	单向行驶	딴 시앙 싱 스

계절 ** Season

- 봄　　春天　　춘 티엔
- 여름　夏天　시아 티엔
- 가을　秋天　치우 티엔
- 겨울　冬天　똥 티엔

달 ** Month of year

- 1월　　1月　　이 위에
- 2월　　2月　　얼 위에
- 3월　　3月　　싼 위에
- 4월　　4月　　쓰 위에
- 5월　　5月　　우 위에
- 6월　　6月　　리우 위에
- 7월　　7月　　치 위에
- 8월　　8月　　빠 위에
- 9월　　9月　　지우 위에
- 10월　10月　스 위에
- 11월　11月　스 이 위에
- 12월　12月　스 얼 위에

방향 ** Direction

- 여기　　这里　　쩌 리
- 저기　　那里　　나 리
- 저쪽　　那边　　나 비엔
- 방향　　方向　　팡 시앙
- 동쪽　　东　　　똥
- 서쪽　　西　　　씨
- 남쪽　　南　　　난
- 북쪽　　北　　　베이
- 곧장　　径直　　찡 즈
- 왼쪽　　左边　　주오 비엔
- 오른쪽　右边　　여우 비엔
- 길을 따라　沿着路　앤 저 루
- 우회하다　右转　　여우 주안

기본표현

① 인사

- 안녕하세요!(아침 인사)
  早上好! 자오 샹 하오

- 안녕하세요!(점심 인사)
  中午好! 쭝 우 하오

- 안녕하세요!(저녁 인사)
  晚上好! 완 샹 하오

- 안녕하세요?
  你好吗? 니 하오 마

○ 잘 지냅니다, 고마워요!
  我很好, 谢谢! 워 헌 하오 씨에 씨에

- 안녕히 주무세요!
  晚安! 완 안

- 안녕히 계세요!
  再见! 짜이 찌엔

- 또 만나요!
  再会! 짜이 회이

소개

- 처음 뵙겠습니다. (잘 부탁드립니다.)
  初次见面,(请多关照。) 추츠 찌엔 미엔, 칭 뚜오 꾸안 짜오

- 만나서 반갑습니다.
  很高兴见到您。 헌 까오 씽 찌엔 따오 닌

- 제 소개를 해도 될까요?
  可以介绍我自己吗? 커 이 찌에 샤오 워 쯔 지 마

- 이름을 여쭈어봐도 될까요?
  请问您贵姓? 칭 원 닌 꾸이 씽

- 제 이름은 …입니다.
  我叫~。 워 찌아오~

- 저는 한국의 서울에서 왔습니다.
  我来至韩国的汉城。 워 라이 쯔 한 궈 더 한 청

- 이 분은 …입니다.
  这位是~。 쩌 웨이 쓰~

- 저는 …에 다닙니다.
  我在~上班。 워 짜이 ~샹 빤

기본표현

❸ 감사

- 감사합니다!
  谢谢! 씨에 씨에

- 정말 감사합니다!
  非常感谢! 페이 창 간 시에

- 친절에 감사드립니다.
  谢谢您的关照。 씨에 씨에 닌 더 꾸안 짜오

- 도와주셔서 감사합니다!
  谢谢您的帮助! 씨에 씨에 닌 더 빵 쭈

- 여러 가지로 감사드립니다!
  不胜感激! 부 셩 간 지

- 천만에요!
  哪里哪里! 나 리 나 리

- 어쨌든 감사합니다!
  总之,很感谢! 종 즈 헌 간 시에

❹ 사과

- 죄송합니다!
  对不起! 뚜이 뿌 치

- 괜찮습니다!
  没关系! 메이 꾸안 시

- 괜찮습니다!
  别客气! 비에 커 치

- 불편을 끼쳐 드려서 죄송합니다.
  很抱歉给您添麻烦。 헌 빠오 치엔 게이 닌 티엔 마 판

- 실례합니다.
  请问。 칭 원

- 제 잘못입니다.
  是我的错。 쓰 워 더 추오

- 제 사과를 받아주세요.
  请接受我的道歉。 칭 찌에 쇼우 워 더 따오 치엔

- 늦어서 죄송합니다.
  对不起, 来晚了。 뚜이 뿌 치 라이 완 러

❺ 부탁

- 티켓 두 장 주세요.
  请给我两张票。 칭 게이 워 량 짱 피아오

- 부탁 하나 드려도 될까요?
  我可以拜托您一件事情吗?
  워 커 이 빠이 퉈 닌 이 찌엔 쓰 칭 마

- 물론이죠.
  当然。 땅 란

- 죄송하지만, 여기서 담배피워도 될까요?
  请问, 可以在这儿抽烟吗?
  칭 원, 커 이 짜이 쩔 초우 옌 마

- 좀 도와주세요.
  请帮一下忙。 칭 빵 이 샤 망

- 들어가도 될까요?
  可以进去吗? 커 이 찐 취 마

- 도와주시겠어요?
  能帮一下忙吗? 넝 빵 이 샤 망 마

- 옷을 입어봐도 될까요?
  可以试穿一下吗? 커 이 스 추안 이 샤 마

⑥ 다시 물어보기

- 뭐라구요?
  什么? 션 머

- 뭐라고 하셨지요?
  您说什么? 닌 슈오 션 머

- 다시 말씀해 주실 수 있으세요?
  能不能再说一次? 넝 뿌 넝 짜이 슈오 이 츠

- 그게 무슨 뜻이지요?
  那是什么意思? 나 쓰 션 머 이 쓰

- 좀 천천히 말씀해 주십시오.
  请慢点说。 칭 만 디엔 슈오

- 뭐라고 하셨습니까?
  您刚才说什么? 닌 깡 차이 슈오 션 머

- 알겠습니까?
  懂了吗? 동 러 마

- 정말이세요?
  真的吗? 쩐 더 마

기본표현

7 대답

- 예. / 아니오.
  是。 쓰 / 不是。 부쓰

- 알겠습니다.
  我明白了。 워 밍 바이 러

- 저도 그렇게 생각합니다.
  我也那么想。 워 이에 나 머 샹

- 맞아요.
  对。 뚜이

- 그거 좋아요.
  很好。 헌 하오

- 물론입니다.
  当然。 땅 란

- 좋은 생각이군요!
  好主意! 하오 주 이

- 잠깐 생각해 보겠습니다.
  让我想一下。 랑 워 샹 이 샤

- 그게 정말입니까?
  那是真的吗? 나 쓰 쩐 더 마

출국 준비

1. 항공권 전화 예약
2. 항공권 직접 구입
3. 항공권 재확인
4. 항공권 취소 및 변경

❶ 항공권 전화 예약

비행기 예약을 하려고 합니다.
我想订机票。
워 샹 띵 찌 피아오

🖐 유용한 표현

- 북방항공입니다, 무얼 도와드릴까요?
  这里是北方航空，您需要什么服务？
  쩌 리 쓰 베이 팡 항 콩. 닌 쉬 야오 션 머 푸 우

- 서울행 비행기 예약을 부탁합니다.
  请给我订一张飞往汉城的机票。
  칭 게이 워 띵 이 짱 페이 왕 한 청 더 찌 피아오

- 내일 북경행 비행기 있나요?
  明天有飞往北京的航班吗？
  밍 티엔 여우 페이 왕 베이 찡 더 항 빤 마

- 언제 떠나실 건가요?
  您想什么时候出发？
  닌 샹 션 뭐 스 허우 추 파

- 공항에 몇 시까지 가야 합니까?
  要提前几点到机场？
  야오 티 치엔 지 디엔 따오 찌 창

- 금요일 오후 비행기가 있습니까?
  有没有星期五下午的飞机?
  여우 메이 여우 씽 치 우 시아 우 더 페이 찌

- 좌석 남은 것 있나요?
  还有座吗?
  하이 여우 쭈오 마

- 이걸로 하겠습니다.
  我要这个。
  워 야오 쩌 거

- 공항에서는 비행기 출발 한 시간 전에 체크인하기 바랍니다.
  在机场,飞机起飞一个小时之前,请办理登机手续。
  짜이 찌 창 페이 찌 치 페이 이 거 시아오 스 쯔 치엔, 칭 빤 리 떵 찌 쇼우 쉬

어휘

예약하다	订	띵
비행기 티켓	机票	찌 피아오
비행기편	航班	항 빤
체크인	登机手续	떵 찌 쇼우 쉬

실용회화 Dialogue

직 원	언제 출발하십니까? 您要什么时候出发? 닌 야오 션 머 스 허우 추 파
여행자	7월 20일이요. 七月二十号。 치 위에 얼 스 하오
직 원	성함을 알려주시겠습니까? 能告诉我您的姓名吗? 넝 까오 쑤 워 닌 더 씽 밍 마
여행자	김준호입니다. 金俊浩。 찐 쥔 하오

세계 주요 항공사 코드

- 한국
  - KE 대한항공   Korean Air
  - OZ 아시아나 항공   Asiana Airlines

- 미국
  - AA 아메리칸 항공   American Airlines
  - CO 컨티넨탈 항공   Continental Airlines
  - DL 델타 항공   Delta Airlines
  - NW 노스웨스트 항공   Northwest Airlines
  - UA 유나이티드 항공   United Airlines

- 영국
  - BA 영국 항공   British Airways
  - VS 버진 아틀란틱 항공   Virgin Atlantic Airways

- 프랑스
  - AF 에어 프랑스   Air France
  - UT UTA 프랑스 항공   UTA French Airlines

- 일본 / 중국
  - JD 일본 에어 시스템   Japan Air Systems   일본
  - JL 일본 항공   Japan Airlines   일본
  - NH 전일본공수   All Nippon Airways   일본
  - CA 중국 국제항공   Air China   중국

- 기타
  - NZ 뉴질랜드 항공   Air New Zealand   뉴질랜드
  - MH 말레이지아 항공   Malaysian Airlines   말레이지아
  - SQ 싱가폴 항공   Singapore Airlines   싱가폴
  - QF 콴타스 항공   Qantas Airways   오스트레일리아
  - CP 카나디언 항공   Canadian Airlines International   캐나다
  - TG 타이 국제항공   Thai Airways International   태국
  - PR 필리핀 항공   Philippine Airlines   필리핀
  - CX 캐세이 퍼시픽 항공   Cathey Pacific Airways   홍콩

출국 준비

❷ 항공권 직접 구입

7월 20일 상해행 비행기표를 부탁합니다.
请给我订一张七月二十号飞往上海的机票。
칭 게이 워 띵 이 짱 치 위에 얼 스 하오 페이 왕 샹 하이 더 찌 피아오

🖐 유용한 표현

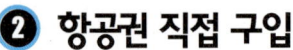

- 직행편으로 부탁합니다.
  我要直达航班。
  워 야오 즈 다 항 빤

- 2등석으로 두 장 주세요.
  请给我两张二等舱。
  칭 게이 워 량 짱 얼 덩 창

- 요금은 얼마인가요?
  多少钱?
  뚜오 샤오 치엔

- 예약금은 얼마입니까?
  押金是多少?
  야 찐 쓰 뚜오 샤오

- 2장 구입할게요.
  我要买两张。
  워 야오 마이 량 짱

- 신용카드로 계산해도 됩니까?
  可以用信用卡以结帐吗?
  커 이 용 신 용 카 이 지에 짱 마

- 티켓 여기 있습니다.
  这是您的票。
  쩌 쓰 닌 더 피아오

- 언제 어디서 항공권을 받을 수 있나요?
  什么时候，在哪儿可以拿到票呢?
  션 머 스 허우, 짜이 날 커이 나 따오 피아오 너

- 무슨 항공 회사입니까?
  什么航空公司?
  션 머 항 콩 꽁 쓰

어휘

· 직행편	**直达航班**	즈 다 항 빤
· 2등석	**二等舱**	얼 덩 창
· 예약금	**押金**	야 찐
· 신용카드	**信用卡**	신 용 카

실용회화
Dialogue

여행자	4장 구입하겠습니다. 买四张。 마이 쓰 짱
직 원	4장에 8위엔입니다. 4张8块。 쓰 짱 빠 콰이
여행자	저녁에 출발하는 비행기도 있나요? 有没有晚上起飞的飞机? 여우 메이 여우 완 샹 치 페이 더 페이 찌
직 원	있습니다. 有。 여우

출입국시 유의사항

입국시에는 중국의 공항이나 항구 및 역에 도착하면 '입국 심사 → 검역 → 통관'의 순서로 입국수속을 거쳐야 한다. 검역이 끝나면 여러 개의 입국 심사대 중에서 외국인(外國人)이라고 표시되어 있는 입국심사대로 간다.

입출국 카드와 비자가 든 여권을 제시하면 비자 체크 후, 출국카드를 여권에 붙이고 돌려준다. 이때 출국카드는 출국 때까지 잃어버리지 않도록 한다. 단체일 경우는 단체비자를 받았기 때문에 비자를 내준 번호순으로 심사를 받아야 한다. 출입국 카드는 기내에서 미리 작성해 두었다가 심사계원에게 여권과 함께 제시, 확인받아야 한다.

출국시에는 반드시 출발 72시간 전에 항공권 예약을 재확인해야 한다. 출국수속은 출발 2시간 전부터 시작하며, 개인여행인 경우 출국카드를 작성하여 여권과 함께 제시하고 90위엔의 공항세를 내면 된다.

여행하기 좋은 시기

중국은 국토가 넓어서 지역에 따라 다양한 기후가 나타난다. 남북의 위도차는 약 39℃, 동서의 경도차는 약 60℃에 이른다. 그래서 계절상으로 중국을 여행하기에 가장 알맞은 시기는 봄(5~6월)과 가을(9~10월)이다. 이때는 중국 어느 지역을 여행하더라도 좋은 날씨를 만끽할 수 있을 것이다.

❸ 항공권 재확인

예약을 재확인하고 싶습니다.
我想重新确认预订。
워 샹 총 신 츄에 런 위 띵

유용한 표현

- 여보세요, 북방 항공입니까?
  喂，北方航空吗？
  웨이, 베이 팡 항 콩 마

- 성함과 비행기 번호를 알려주십시오.
  请告诉我您的姓名和飞机号。
  칭 까오 쑤 워 닌 더 씽 밍 허 페이 찌 하오

- 제 이름은 김인수이고, 비행기 번호는 208편입니다.
  我的名字叫金仁寿，飞机号是208号航班。
  워 더 밍 쯔 찌아오 찐 런 쇼우, 페이 찌 하오 쓰 얼 링 빠 하오 항 빤

- 몇 편 비행기입니까?
  哪一航班？
  나 이 항 빤

- 출발일은 무슨 요일입니까?
  出发日是星期几？
  추 파 르 쓰 씽 치 지

- 예약이 확인되었습니다.

  确认预订了。
  츄에 런 위 띵 러

- 다시 한 번 확인해 주세요.

  请重新确认一下。
  칭 총 신 츄에 런 이 샤

- 몇 시까지 체크인하면 됩니까?

  几点办理登机手续呢?
  지 디엔 빤 리 떵 찌 쇼우 쉬 너

어휘

· 재확인	重新确认	총 신 츄에 런
· 성함	姓名	씽 밍
· 비행기편	航班	항 빤
· 출발일	出发日	추 파 르

직원	언제 출발합니까? 什么时候出发？ 션 머 스 허우 추 파
여행자	이번 주 금요일입니다. 这周星期五。 쩌 쩌우 씽 치 우

여행자	제 이름이 리스트에 있습니까? 我的名字在名单里吗？ 워 더 밍 즈 짜이 밍 딴 리 마
직원	죄송하지만, 이름을 찾을 수 없습니다. 很抱歉，找不到名字。 헌 빠오 치엔, 자오 부 따오 밍 쯔

여행자	몇 시에 체크인하면 되나요? 要几点登记呢？ 야오 지 댄 떵 찌 너
직원	적어도 한 시간 전엔 체크인하십시오. 至少在一个小时之前登记。 쯔 샤오 짜이 이 거 시아오 스 쯔 치엔 떵 찌

항공권 관련어

· 여행사	旅行社	뤼 싱 셔
· 항공권	机票	찌 피아오
· 편도 항공권	单程机票	딴 청 찌 피아오
· 왕복 항공권	往返机票	왕 판 찌 피아오
· 1등석	头等舱	터우 덩 창
· 2등석	二等舱	얼 덩 창
· 예약	预订	위 띵
· 스케줄	日程表	르 청 비아오
· 비행기 편명	飞机航班	페이 찌 항 빤
· 수속	登机手续	떵 찌 쇼우 쉬
· 운임	搬运费	빤 윈 페이
· 재확인하다	重新确认	총 신 츄에 런
· 취소하다	取消	취 시아오
· 확인하다	确认	츄에 런

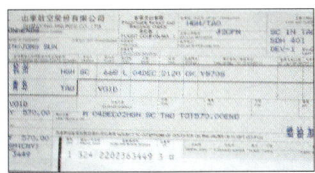

▲ 항공권

❹ 항공권 취소 및 변경

예약을 취소(변경)해 주십시오.
请取消(变更)预约。
칭 취 시아오(삐엔 껑) 위 위에

유용한 표현

- 남방항공사입니다, 무엇을 도와 드릴까요?
  这里是南方航空，您需要什么服务？
  쩌 리 쓰 난 팡 항 콩, 닌 쉬 야오 션 머 푸 우

- 오후 비행기로 바꾸고 싶은데요.
  我想换下午的飞机。
  워 샹 환 시아 우 더 페이 찌

- 다음 비행기편 좌석을 구할 수 있을까요?
  能弄到下一个航班的座位吗？
  넝 농 따오 시아 이 거 항 빤 더 쭈오 웨이 마

- 가능하면 빨리 출발하고 싶습니다.
  可能的话，我想尽快出发。
  커 넝 더 화, 워 샹 진 콰이 추 파

- 이 예약을 취소해 주십시오.
  请取消这个预订。
  칭 취 시아오 쩌 거 위 띵

비행기 타기

1. 탑승 안내
2. 좌석 찾기
3. 기내 서비스
4. 기내 쇼핑
5. 기내 서비스 요청
6. 입국 신고서 작성
7. 환승

❶ 탑승 안내

20번 게이트는 어디입니까?
20号登机口在哪儿?
얼 스 하오 떵 찌 커우 짜이 날

유용한 표현

- 탑승수속은 어디서 합니까?
  登机手续在哪儿办理?
  떵 찌 쇼우 쉬 짜이 날 빤 리

- 남아시아 항공 카운터는 어디에요?
  南亚航空柜台在哪儿?
  난 야 항 콩 꾸이 타이 짜이 날

- 몇 번 게이트로 가야 합니까?
  得到哪一个登机口呢?
  데이 따오 나 이 거 떵 찌 커우 너

- 탑승시간은 몇 시입니까?
  登机时间是几点?
  떵 찌 스 지엔 쓰 지 디엔

- 면세점은 어디에 있나요?
  免税店在哪儿?
  미엔 쑤이 띠엔 짜이 날

- 비행기가 왜 연착됩니까?

  飞机为什么延误?

  페이 찌 웨이 션 머 얜 우

- 얼마나 지연됩니까?

  拖延多长时间?

  투오 얜 뚸오 창 스 지엔

- 탑승권을 보여주세요.

  请出示登机牌。

  칭 추 쓰 떵 찌 파이

- 초과 요금은 얼마인가요?

  超重费是多少?

  챠오 쭝 페이 쓰 뚸오 샤오

- 이곳에 언제 다시 와야 하나요?

  要什么时候返回到这儿呢?

  야오 션 머 스 허우 판 회이 따오 쩔 너

어휘

· 게이트	登机口	떵 찌 커우
· 카운터	柜台	꾸이 타이
· 면세점	免税店	미엔 쑤이 띠엔
· 탑승권	登机牌	떵 찌 파이

실용회화
Dialogue

여행자	언제 출발합니까? 什么时候出发？ 션 머 스 허우 추 파
카운터	지금부터 약 15분 후에 출발합니다. 大约过十五分钟后出发。 따 위에 꾸오 스 우 편 쭝 허우 추 파
카운터	짐이 있습니까? 有行李吗？ 여우 싱 리 마
여행자	2개입니다. 有两个行李。 여우 량 거 싱 리
카운터	비행기표를 보여주시겠습니까? 请出示飞机票。 칭 추 쓰 페이 찌 피아오
여행자	여기 있습니다. 这里。 쩌 리

탑승 관련어

한국어	중국어	발음
공항	机场	찌 창
국내선	国内航班	궈 네이 항 빤
국제선	国际航班	궈 찌 항 빤
공항세	机场税	찌 창 쑤이
국제항공	国际机场	궈 찌 찌 창

항공사 카운터	航空公司柜台	항 콩 꽁 쓰 꾸이 타이
기내 반입 수화물	机内携带物	찌 네이 시에 따이 우
대합실	侯机室	허우 찌 쓰
분실물 취급소	失误招领处	쓰 우 짜오 링 추

세관 검사	海关检查	하이 꾸안 지엔 차
검역	检疫	지엔 이
수화물	行李	싱 리
안내소	服务台	푸 우 타이
예방주사 증명서	预防疫苗接种证明书	위 팡 이 미아오 찌에 종 쩡 밍 슈
인환증	出栈凭单	추 짠 핑 딴

입국 관리	入境管理	루 찡 관 리
입국 카드	入境登记表	루 찡 떵 찌 비아오
좌석번호	座位号	쭈오 웨이 하오
출국카드	出境卡	추 찡 카

도착지	到达地	따오 다 띠
발착 일람표	进出港时间表	찐 추 강 스 지엔 비아오
여권검사	检查护照	지엔 차 후 짜오
출발지	出发地	추 파 띠
탑승구	登机口	떵 찌 커우

비행기타기

❷ 좌석 찾기

제 자리는 어디입니까?
我的座位在哪儿？
워 더 쭈오 웨이 짜이 날

유용한 표현

- C 24열은 어디입니까?
  C 24列在哪儿？
  씨 얼 스 쓰 리에 짜이 날

- 창가측 좌석이 제 자리입니다.
  靠窗的座位是我的位置。
  카오 창 더 쭈오 웨이 쓰 워 더 웨이 즈

- 제 자리인 것 같은데요.
  这好像是我的座位。
  쩌 하오 썅 쓰 워 더 쭈오 웨이

- 흡연석(금연석)으로 옮기고 싶습니다.
  我想移到吸烟席(禁烟席)。
  워 샹 이 따오 시 옌 시 (찐 옌 시)

- 통로측(창가측) 좌석을 원합니다.
  我要过道侧(靠窗)的座位。
  워 야오 꾸오 따오 처 (카오 창) 더 쭈오 웨이

- 여기에 앉아도 됩니까?

    我可以坐这儿吗?

    워 커 이 쭈오 쩔 마

- 지나가도 될까요?

    可以过去吗?

    커 이 꾸오 취 마

- 좌석을 바꿔 주시겠어요?

    请给我换一下座位好吗?

    칭 게이 워 환 이 샤 쭈오 웨이 하오 마

- 안전벨트 매는 방법을 알려주세요.

    请告诉我系安全带的方法。

    칭 까오 쑤 워 찌 안 츄엔 따이 더 팡 파

- 이것은 어디에 놓을까요?

    这个放哪儿呢?

    쩌 거 팡 날 너

 어휘

· 창가측	靠窗	카오 촹
· 흡연석	吸烟席	시 옌 시
· 금연석	禁烟席	찐 옌 시
· 안전 벨트	安全带	안 츄엔 따이

비행기타기

실용회화
Dialogue

승무원	이쪽으로 오세요, 손님 좌석은 오른쪽 복도측입니다.
	请到这儿来，客人的座位是右边走廊侧。
	칭 따오 쩔 라이. 커 런 더 쭈오 웨이 쓰 여우 비엔 저우 랑 처

승 객	고맙습니다!
	谢谢!
	씨에 씨에

승무원	흡연석을 원하십니까, 금연석을 원하십니까?
	您要吸烟席还是禁烟席？
	닌 야오 시 옌 시 하이 스 찐 옌 시

승 객	창측 흡연석으로 주십시오.
	我要靠窗的吸烟席。
	워 야오 카오 촹 더 시 옌 시

승객 A	죄송하지만, 자리를 바꿔 주시겠어요?
	对不起，能不能给我换一个位置？
	뚜이 뿌 치, 넝 뿌 넝 게이 워 환 이 거 웨이 즈

승객 B	네, 뒤에 빈자리가 많습니다.
	好的，后边有很多空座。
	하오 더, 허우 비엔 여우 헌 뚜오 콩 쭈오

객실

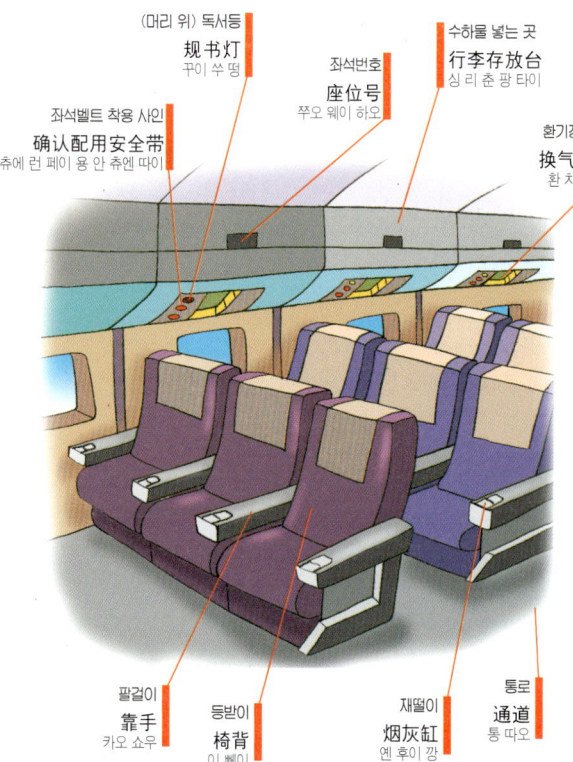

(머리 위) 독서등
规书灯
꾸이 쑤 떵

좌석번호
座位号
쭈오 웨이 하오

수하물 넣는 곳
行李存放台
싱 리 춘 팡 타이

좌석벨트 착용 사인
确认配用安全带
츄에 런 페이 용 안 츄엔 따이

환기장치
换气机
환 치 찌

팔걸이
靠手
카오 쇼우

등받이
椅背
이 뻬이

재떨이
烟灰缸
옌 후이 깡

통로
通道
통 따오

비행기타기

❸ 기내 서비스

음료수 좀 주세요!
请给我饮料!
칭 게이 워 인 랴오

음료수 주문

- 어떤 음료수를 드시겠어요?
  喝什么饮料?
  허 션 머 인 랴오

- 커피는 어떻게 드시겠어요?
  您要什么咖啡?
  닌 야오 션 머 카 페이

- 설탕만 넣어주세요.
  只要砂糖。
  즈 야오 샤 탕

- 설탕과 크림 좀 가져다 주시겠어요?
  请给我拿砂糖和奶油, 好吗?
  칭 게이 워 나 샤 탕 허 나이 여우, 하오 마

- 한 잔 더 주세요.
  请再给我一杯。
  칭 짜이 게이 워 이 뻬이

기내 식사

- 쇠고기 요리로 주세요.
  我要牛肉菜。
  워 야오 니우 로우 차이

- 좌석을 제 위치로 돌려주십시오.
  请把座位转回原位。
  칭 바 쭈오 웨이 주안 회이 위엔 웨이

- 저녁식사는 무엇인가요?
  晚餐是什么?
  완 찬 쓰 션 머

- 저녁식사는 언제 나오나요?
  几点给晚餐?
  지 디엔 게이 완 찬

- 저녁식사를 나중에 해도 됩니까?
  稍后用晚餐, 可以吗?
  사오 허우 용 완 찬, 커 이 마

- 지금은 배가 고프지 않습니다.
  现在不饿。
  시엔 짜이 부 어

- 식사는 필요 없습니다.
  我不用餐。
  워 부 용 찬

- 물수건 하나 더 주시겠어요?
  请给我拿湿毛巾, 好吗?
  칭 게이 워 나 스 마오 찐, 하오 마

실용회화
Dialogue

승무원	커피로 드시겠습니까, 홍차로 드시겠습니까? 您要咖啡还是红茶? 닌 야오 카 페이 하이 쓰 훙 차
승 객	홍차로 주세요. 我要红茶。 워 야오 훙 차

승 객	어떤 음료수가 있나요? 有什么饮料? 여우 션 머 인 랴오
승무원	커피, 홍차, 오렌지주스가 있습니다. 有咖啡、红茶、澄汁。 여우 카 페이 훙 차 쳥 쯔

승무원	쇠고기와 생선요리 어느 중 것으로 하시겠습니까? 牛肉和鱼，您要哪一种？ 니우 로우 허 위, 닌 야오 나 이 종
승 객	생선요리로 주세요. 请给我鱼肉菜。 칭 게이 워 위 로우 차이

승 객	저녁식사는 무엇인가요? 晚饭是什么？ 완 판 쓰 션 머?
승무원	오믈렛과 닭고기입니다. 是煎蛋和鸡肉。 쓰 찌엔 딴 허 찌 로우

승무원	식사 끝나셨습니까? 您吃完了吗？ 닌 츠 완 러 마
승 객	네, 잘 먹었어요. 고마워요! 是的，吃好了。谢谢！ 쓰 더, 츠 하오 러, 씨에 씨에

비행기 타기

④ 기내 쇼핑

향수 좀 보여주십시오.
请给我看香水。
칭 게이 워 칸 시앙 수이

유용한 표현

- 면세품을 살 수 있나요?
  可以买免税品吗?
  커 이 마이 미엔 쑤이 핀 마

- 다른 종류도 있나요?
  还有别的种类吗?
  하이 여우 비에 더 종 레이 마

- 얼마나 할인됩니까?
  打几折?
  다 지 저

- 제일 인기 있는 제품은 뭡니까?
  最热销的是什么产品?
  쮀이 러 시아오 더 쓰 션 머 찬 핀

- 더 싼 것은 없나요?
  有没有更便宜的?
  여우 메이 여우 껑 피엔 이 더

- 이것으로 할게요.

  就要这个了。
  찌우 야오 쩌 거 러

- 비자카드(여행자수표)로 계산할 수 있나요?

  可以用VISA卡(旅行支票)支付吗?
  커 이 용 위 이 싸 카 (뤼 싱 쯔 피아오) 쯔 푸 마

- 현금이나 신용카드 모두 됩니다.

  现金或信用卡都可以。
  시엔 찐 훠 신 용 카 또우 커 이

- 한국 돈으로 내도 됩니까?

  可以用韩币支付吗?
  커 이 용 한 삐 쯔 푸 마

 어휘

· 향수	香水	시앙 수이
· 할인	打折	다 저
· 인기(잘 팔리다)	热销	러 시아오
· 제품	产品	찬 핀

실용회화
Dialogue

승 객	면세품을 팝니까? 卖免税品吗? 마이 미엔 쑤이 핀 마
승무원	네, 물론입니다. 是的, 当然。 쓰 더, 땅 란
승 객	말보로 라이트 있습니까? 有万宝路吗? 여우 완 바오 루 마
승무원	있습니다, 몇 개 드릴까요? 有, 您要几个? 여우, 닌 야오 지 거
승 객	한 보루 주세요. 얼마죠? 给我两条。多少钱? 게이 워 량 탸오. 뚜오 샤오 치엔
승무원	280위엔입니다. 280块。 얼 바이 빠 스 콰이

기내식 관련어

음료수	饮料	인 랴오
커피	咖啡	카 페이
홍차	红茶	홍 차
녹차	绿茶	뤼 차
주스	果汁	궈 쯔
맥주	啤酒	피 지우
위스키	威士急	웨이 쓰 찌
백포도주	百葡萄酒	바이 푸 타오 지우
적포도주	红葡萄酒	홍 푸 타오 지우
얼음	冰	삥
디저트	甜品	티엔 핀
유료	收费	쇼우 페이
무료	免费	미엔 페이
식사	餐	찬
닭고기	鸡肉	찌 로우
돼지고기	猪肉	쭈 로우
쇠고기	牛肉	니우 로우

깜짝센스

중국입국시 인민폐 현금소지 세관 신고

현재 중국의 '출입국 여객 통관에 관한 세관 규정'에 의하면 미화는 5,000불까지 신고할 필요가 없으나 인민폐는 6,000위엔(미화 723불상당) 이상이면 세관 신고를 하도록 되어 있다.

중국 입국시 세관당국에 인민폐 소지를 신고하지 않아 벌금을 징수 당하는 경우가 빈번하여 국내은행에서 인민폐 환전 후 입국할 때는 필히 중국 세관에 인민폐 소지 사실을 신고한다.

❺ 기내 서비스 요청

멀미가 납니다.
我晕机。
워 윈 찌

 멀미

- 멀미봉투 좀 주시겠어요?
  给我呕吐袋，好吗?
  게이 워 어우 투 따이, 하오 마

- 소화제(아스피린) 좀 주세요.
  请给我点消化药(阿司匹林)。
  칭 게이 워 디엔 시아오 화 야오 (아 쓰 피 린)

- 두통약 좀 있나요?
  有凉手药吗?
  여우 량 마오 야오 마

- 찬 물수건 좀 주시겠어요?
  给我凉毛巾，好吗?
  게이 워 량 마오 찐, 하오 마

- 물 한 컵 갖다 주시겠습니까?
  给我拿杯水，好吗?
  게이 워 나 뻬이 수이, 하오 마

- 좀 춥군요. (덥군요.)
  有点冷(热)。
  여우 디엔 렁 (러)

기내 불편사항

- 의자를 젖혀도 될까요?
  可以把椅子往后靠吗?
  커 이 바 이 즈 왕 허우 카오 마

- 저 사람들이 너무 시끄럽게 해서 잘 수 없어요.
  那些人太吵了, 我无法入睡。
  나 시에 런 타이 챠오 러, 워 우 파 루 쑤어

- 내 뒤에 있는 사람이 자꾸 발로 차네요.
  我身后的人老踢我的座位。
  워 션 허우 더 런 라오 티 워 더 쭈오 웨이

- 애들이 장난이 심하군요.
  小孩子太闹了。
  시아오 하이 즈 타이 나오 러

- 아이들이 너무 시끄럽군요.
  孩子们太吵了。
  하이 즈 먼 타이 챠오 러

- 화장실이 막혔습니다.
  卫生间堵了。
  웨이 셩 찌엔 두 러

- 자리를 바꾸고 싶어요.
  我想换座。
  워 썅 환 쭈오

- 앞 의자가 너무 뒤쪽으로 젖혀져 있어요.
  前面的椅子太往后靠了。
  치엔 미엔 더 이 즈 타이 왕 허우 카오 러

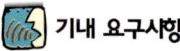 기내 요구사항

- 한국어로 된 잡지가 있나요?

  有没有韩文版的杂志?

  여우 메이 여우 한 원 반 더 자 쯔

- 베개와 담요를 주세요.

  给我枕头和毯子。

  게이 워 전 터우 허 탄 즈

- 무료입니까?

  免费吗?

  미엔 페이 마

- 영화는 몇 번에서 합니까?

  电影在哪个频道演?

  띠엔 잉 짜이 나 거 핀 따오 앤

- 신문이나 잡지 보시겠습니까?

  您要看报纸或杂志吗?

  닌 야오 칸 빠오 즈 훠 자 쯔 마

- 다른 잡지는 없나요?

  没有别的杂志吗?

  메이 여우 비에 더 자 쯔 마

- 담요 한 장 주시겠어요?

  给我一条毯子, 好吗?

  게이 워 이 탸오 탄 즈, 하오 마

- 영화는 어느 채널에서 합니까?

  电影在哪个频道演？

  띠엔 잉 짜이 나 거 핀 따오 앤

- 잡지를 보여주시겠어요?

  请给我看杂志，好吗？

  칭 게이 워 칸 자 쯔, 하오 마

- 한국신문을 읽고 싶어요.

  我想看韩国报纸。

  워 샹 칸 한 궈 빠오 즈

어휘

· 멀미 봉투	呕吐袋	어우 투 따이
· 소화약	消化药	시아오 화 야오
· 아스피린	阿司匹林	아 쓰 피 린
· 물	水	수이
· 의자	椅子	이 즈
· 시끄럽다	吵	챠오
· 차다	踢	티
· 불	灯	떵
· 잡지	杂志	자 쯔
· 베개	枕头	전 터우
· 담요	毯子	탄 즈
· 채널	频道	핀 따오

실용회화
Dialogue

승 객	토할 것 같아요, 멀미 봉투 어디 있나요? 我想吐，呕吐袋在哪儿? 워 샹 투, 어우 투 따이 짜이 날
승무원	좌석 주머니 안에 있습니다. 在座位袋儿里。 짜이 쭈오 웨이 딸 리

승 객	찬 물수건 좀 주시겠어요? 给我凉毛巾，好吗? 게이 워 량 마오 찐, 하오 마
승무원	잠깐만 기다리세요! 请稍等! 칭 샤오 덩

승 객	베개 하나 더 주시겠어요? 再给我一个枕头，好吗? 짜이 게이 워 이 거 전 터우, 하오 마
승무원	네, 잠시만 기다리세요. 好的，请稍等。 하오 더, 칭 샤오 덩

승 객	신문 좀 주시겠어요? 请给我报纸，好吗? 칭 게이 워 빠오즈, 하오 마
승무원	네, 여기 있습니다. 好的，这里。 하오 더, 쩌 리
승 객	서울과 북경의 시차는 얼마입니까? 汉城和北京的时差是多少? 한 청 허 베이 찡 더 스 차 쓰 뚜오 샤오
승무원	1시간입니다. 1个小时。 이 거 시아오 스
승 객	북경에는 얼마 후에 도착합니까? 多久才能到北京? 뚜오 지우 차이 넝 따오 베이 찡
승무원	1시간 후입니다. 1个小时以后。 이 거 시아오 스 이 허우

비행기타기

❻ 입국 신고서 작성

입국 신고서를 작성해 주세요.
请填好入境申报单。
칭 티엔 하오 루 찡 션 빠오 딴

유용한 표현

- 이 양식을 쓰는 법을 가르쳐 주시겠어요?
  能告诉我填这表格的方法吗?
  넝 까오 쑤 워 티엔 쩌 비아오 거 더 팡 파 마

▲ 입국신고서(외국인용)

- 여기에 무엇을 써야 합니까?
  在这儿要填什么?
  짜이 쩔 야오 티엔 션 머

- 입국 신고서 한 장 더 얻을 수 있을까요?
  我可以再要一张入境申报单吗?
  워 커 이 짜이 야오 이 짱 루 찡 션 빠오 딴 마

- 입국 신고서를 좀 봐주시겠어요?
  请帮我看入境申报单, 好吗?
  칭 빵 워 칸 루 찡 션 빠오 딴. 하오 마

- 입국 신고서는 어떻게 쓰는 건가요?
  入境申报单怎么填?
  루 찡 션 빠오 딴 전 머 티엔

입국카드에 나오는 용어

- 성 Family Name
- 생년월일 Date of Birth
- 이름 Given Names
- 여권번호 Passport No.
- 국적 Nationality
- 비자 번호 Visa No.
- 주요 방문목적(한 가지만) Your Main Reason for Coming to China(one only)
  - 회의/통상 Convention/Conference
  - 사업 Business
  - 취업 Employments
  - 정착 Settle down
  - 친구, 친지 방문 Visiting friends or relatives
  - 관광/여가 Outing/in leisure
  - 학업 Study
  - 귀국 Return home
  - 기타 Others
- 비자발급지 Place of Visa issuance
- 비행기편명 Flight No.
- 선명 Ship Name
- 기차편 번호 Train No.
- 출발지 From
- 중국내 거주지 Intended Address in China

❼ 환승

> 환승 카운터는 어디에 있나요?
> **转机口在哪儿?**
> 주안 찌 커우 짜이 날

유용한 표현

- 제가 탈 비행기편은 어디서 확인할 수 있나요?
  我要坐的航班在哪儿可以确认?
  워 야오 쭈오 더 항 빤 짜이 날 커 이 츄에 런

- 어디에서 갈아탑니까?
  在哪儿转机?
  짜이 날 주안 찌

- 이 비행기로 바꿔 타고 싶습니다.
  我想换乘这个飞机。
  워 샹 환 청 쩌 거 페이 찌

- 여기에서 얼마동안 있어야 합니까?
  在这里要待多长时间?
  짜이 쩌 리 야오 따이 뚜오 창 스 지엔

- 언제 탑승합니까?
  什么时候登机?
  션 머 스 허우 떵 찌

- 이 공항에서 얼마나 기다려야 합니까?

    要在这个机场等多长时间?

    야오 짜이 쩌 거 찌 창 덩 뚜오 창 스 지엔

- 비행기를 놓쳤습니다.

    错过飞机了。

    추오 꾸오 페이 찌 러

- 통과카드를 잃어버렸습니다.

    我丢了过境卡。

    워 띠우 러 꾸오 찡 카

- 좌석 아래에 가방을 두어도 됩니까?

    可以把包放在座位下面吗?

    커 이 바 빠오 팡 짜이 쭈오 웨이 시아 미엔 마

- 이 통과카드를 가지고 계세요.

    请拿好这个过境卡。

    칭 나 하오 쩌 거 꾸오 찡 카

어휘

환승 카운터	转机口	주안 찌 커우
공항	机场	찌 창
놓치다	错过	추오 꾸오
통과카드	过境卡	꾸오 찡 카

실용회화
Dialogue

| 직 원 | 갈아타실 비행기는 어떤 비행기입니까?
转乘的飞机是什么飞机?
주안 청 더 페이 찌 쓰 션 머 페이 찌 |

| 여행자 | 북방항공 CJ265편입니다.
北方航空CJ265航班。
베이 팡 항 콩 씨 제이 얼 리우 우 항 빤 |

| 여행자 | 제 짐은 어떻게 됩니까?
我的行李将怎么处理?
워 더 싱 리 찌앙 전 머 추 리 |

| 직 원 | 자동으로 귀하의 연결편으로 이송됩니다.
会自动移送到您的下一班飞机里。
회이 쯔 똥 이 쏭 따오 닌 더 시아 이 빤 페이 찌 리 |

| 여행자 | 이 공항에서 얼마나 기다려야 합니까?
在这个机场要等多长时间?
짜이 쩌 거 찌 창 야오 덩 뚜오 창 스 지엔 |

| 직 원 | 약 1시간 정도입니다.
大约一个小时。
따 위에 이 거 시아오 스 |

공항 도착

1. 입국 심사
2. 세관 검사
3. 수하물 찾기
4. 환전
5. 호텔로 이동

❶ 입국 심사

입국목적은 무엇입니까?
入境目的是什么?
루 찡 무 띠 쓰 션 머

🖐 유용한 표현

- 관광(중국어공부)입니다.
  旅游(学习汉语)。
  뤼 여우(슈에 시 한 위)

- 직업은 무엇입니까?
  职业是什么?
  즈 예 쓰 션 머

- 다음 여행지는 어디입니까?
  下个旅游目的地是哪儿?
  시아 거 뤼 여우 무 띠 띠 쓰 날

- 보딩패스를 보여주세요.
  请出示一下登机牌儿。
  칭 추 쓰 이 샤 떵 찌 팔

- 돈은 얼마를 갖고 있습니까?
  带多少钱?
  따이 뚜오 샤오 치엔

- 돌아갈 티켓은 갖고 있습니까?

  有回去的机票吗?
  여우 회이 취 더 찌 피아오 마

- 어디에서 머무르실 겁니까?

  您将在哪儿逗留呢?
  닌 찌앙 짜이 날 또우 리우 너

- 호텔은 예약하셨나요?

  预订宾馆了吗?
  위 띵 삔 관 러 마

- 얼마나 머무르실 겁니까?

  要逗留多长时间?
  야오 또우 리우 뚜오 창 스 지엔

- 이 곳에 친척이 있습니까?

  这里有亲戚吗?
  쩌 리 여우 친 치 마

공항 도착

 어휘

· 입국 목적	入境目的	루 찡 무 띠
· 직업	职业	즈 예
· 머무르다	逗留	또우 리우
· 친척	亲戚	친 치

실용회화
Dialogue

입국 심사관	어디서 오셨습니까? 您从哪儿来? 닌 총 날 라이
여 행 자	한국에서 왔습니다. 从韩国来。 총 한궈 라이

입국 심사관	어떤 직종에 종사하시나요? 从事哪种职业? 총 쓰 나 종즈 예
여 행 자	무역회사에서 일하고 있습니다. 在贸易公司工作。 짜이 마오 이 꽁 쓰 꽁 쭈오

입국 심사관	결혼은 하셨습니까? 结婚了吗? 지에 훈 러 마
여 행 자	아니오, 미혼입니다. 没有, 未婚。 메이 여우, 웨이 훈

입국 관련어

여행자	游客	여우 커
관광	旅游	뤼 여우
왕복표	往返票	왕 판 피아오

관세법	关税法	꾸안 쑤이 파
면세품	免税品	미엔 쑤이 핀
반입 금지물	禁止携带物品	찐 즈 시에 따이 우 핀
세관 직원	海关工作人员	하이 꾸안 꿍 쭈오 런 위엔
동식물검사	动植物检疫	똥 즈 우 지엔 이

개인 소장물	所带物品	수오 따이 우 핀
신변용품	随身物品	수이 션 우 핀
짐수레	手推车	쇼우 투이 처
신고하다	申告	션 까오

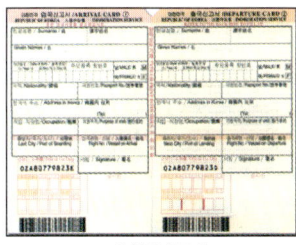

▲ 출입국 신고서

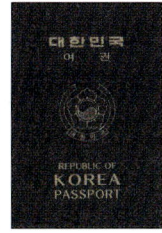

▲ 여권

❷ 세관 검사

디지털 카메라를 신고하려고 합니다.
我想申告数码相机。
워 샹 션 까오 슈 마 썅 찌

유용한 표현

- 가방을 열어주시겠습니까?
  请打开包，好吗?
  칭 다 카이 빠오, 하오 마

- 짐을 보여주십시오.
  请给我看您的行李。
  칭 게이 워 칸 닌 더 싱 리

- 가방을 닫으십시오.
  请关上包。
  칭 꾸안 샹 빠오

- 이것이 클레임 택입니다.
  这是我的行李牌儿。
  쩌 쓰 워 더 싱 리 팔

- 세금을 내야 합니까?
  要交税吗?
  야오 찌아오 쑤이 마

세관 신고 품목

- 6,000위엔을 초과하는 인민폐 및 50g을 초과하는 금, 은 및 그 제품
- 5,000불(중국인 및 중국내 거주민은 2,000불)을 초과하는 외화(※5,000불을 초과하여 반입하는 경우 세관에 신고하지 않아도 실제로는 문제가 되지 않지 만, 출국시 5,000불을 초과하여 반출하는 경우 반입시 신고사실이 반출근거가 됨)
- 여행자 면제통관한도를 초과하는 물품 및 제한된 수량에 대해 면세통관을 허용하는 의류, 신발, 모자, 공예미술품 및 기타 생활용품
- 화물, 샘플, 검역대상 동식물 및 그 제품

- X선 검사는 하지 마세요.

    请不要做X光线检查。

    칭 부 야오 쭈오 엑스 꽝 시엔 지엔 차

- 식물이나 동물이 있습니까?

    有没有植物或动物?

    여우 메이 여우 즈 우 휙 똥 우

- 손으로 살펴 주세요.

    请用手检查。

    칭 용 쇼우 지엔 차

- 영수증을 주시겠어요?

    请给我发票，好吗?

    칭 게이 워 파 피아오, 하오 마

- 이 짐을 보관해 주세요.

    请把这行李给我报关。

    칭 바 쩌 싱 리 게이 워 빠오 꾸안

- 됐습니다, 좋은 시간 보내십시오.

    好了，祝您旅途愉快。

    하오 러, 쭈 닌 뤼 투 위 콰이

- 신고할 물건이 없습니다.

    我没有要申告的。

    워 메이 여우 야오 션 까오 더

공항 도착

실용회화
Dialogue

세관 검사관	신고할 것은 있습니까? 有没有要申告的? 여우 메이 여우 야오 션 까오 더
여 행 자	예, 위스키 한 병이 있습니다. 有，有一瓶威士忌。 여우, 여우 이 핑 웨이 쓰 찌
세관 검사관	안에는 뭐가 있나요? 里面有什么? 리 미엔 여우 션 머
여 행 자	개인 소지품밖에 없어요. 只有私人物品。 즈 여우 쓰 런 우 핀
세관 검사관	식물이나 채소가 있습니까? 有植物或蔬菜吗? 여우 즈 우 훠 쑤 차이 마
여 행 자	없습니다. 没有。 메이 여우

세관 검사관	이것은 무엇입니까? 这是什么？ 쩌 쓰 션 머
여 행 자	제 친구에게 줄 선물입니다. 送给朋友的礼物。 쏭 게이 펑 여우 더 리 우
세관 검사관	이게 전부입니까? 就这些吗？ 찌우 쩌 시에 마
여 행 자	신고할 것은 그게 전부입니다. 要申告的，就那些。 야오 션 까오 더, 찌우 나 시에
세관 검사관	얼마짜리인가요? 值多少？ 즈 뚜오 샤오
여 행 자	10달러 정도에요. 大概10美元左右。 따 까이 스 메이 위엔 주오 여우

공항 도착

❸ 수하물 찾기

제 가방을 못 찾았는데요.
没有找到我的包。
메이 여우 자오 따오 워 더 빠오

유용한 표현

- 수하물 수취대는 어디 있습니까?
  行李收取台在哪儿?
  싱 리 쇼우 취 타이 짜이 날

- 제 짐을 찾아주세요.
  请帮我找一下行李。
  칭 빵 워 자오 이 샤 싱 리

- 수하물 보관증이 있습니까?
  有没有行李保管证?
  여우 메이 여우 싱 리 바오 관 쩡

- 짐을 찾으면 연락해 주세요.
  找到行李, 请跟我联系。
  자오 따오 싱 리, 칭 껀 워 리엔 씨

- 어디서 가방을 받을 수 있나요?
  在哪儿可以拿到包?
  짜이 날 커 이 나 다오 빠오

- 짐을 옮겨 주시겠어요?
  帮我挪一下行李，好吗？
  빵 워 눠 이 샤 싱 리, 하오 마

- 어떤 짐인가요?
  是什么行李？
  쓰 션 머 싱 리

- 제 짐이 아닌데요.
  不是我的行李。
  부 쓰 워 더 싱 리

- 가방이 똑같아서 제가 실수했네요.
  包一模一样，我给弄错了。
  빠오 이 무 이 양, 워 게이 눙 추오 러

- 이 카트를 써도 되나요?
  可以用这个手推车吗？
  커 이 용 쩌 거 쇼우 투이 처 마

어휘

· 수하물 수취대	行李收取台	싱 리 쇼우 취 타이
· 수하물 보관증	行李保管证	싱 리 바오 관 쩡
· 똑같다	一模一样	이 무 이 양
· 카트	手推车	쇼우 투이 처

❹ 환전

인민폐로 바꿔주십시오.
请给我换成人民币。
칭 게이 워 환 청 런 민 삐

유용한 표현

- 1000위엔만 환전해 주세요.
  给我换1000元。
  게이 워 환 이 치엔 위엔

- 돈을 바꿔 주세요.
  请给我换钱。
  칭 게이 워 환 치엔

- 환전소는 어디 있나요?
  兑换处在哪儿?
  뚜이 환 추 짜이 날

- 어디서 돈을 바꿀 수 있습니까?
  在哪儿可以换钱?
  짜이 날 커 이 환 치엔

- 환전해 주실 수 있나요?
  能不能给我换一下钱?
  넝 뿌 넝 게이 워 환 이 샤 치엔

- 일요일에도 영업하는 은행이 있습니까?
  有没有星期天也营业的银行？
  여우 메이 여우 씽 치 티엔 이에 잉 예 더 인 항

- 환율이 어떻게 됩니까?
  汇率是多少？
  후이 뤼 쓰 뚜오 샤오

- 환전 수수료는 얼마입니까?
  兑换手续费是多少？
  뚜이 환 쇼우 쉬 페이 쓰 뚜오 샤오

- 여행자수표를 현금으로 바꿔주세요.
  把旅行支票换成现金。
  바 뤼 싱 쯔 피아오 환 청 시엔 찐

- 잔돈도 섞어주세요.
  掺一点零钱。
  찬 이 디엔 링 치엔

- 잔돈으로 바꿔주세요.
  请给我换成零钱。
  칭 게이 워 환 청 링 치엔

- 은행 문은 언제 닫습니까?
  银行几点关门？
  인 항 지 디엔 꾸안 먼

- 여기에 사인해 주세요.
  请在这儿签字。
  칭 짜이 쩔 치엔 쯔

공항 도착

실용회화
Dialogue

직 원	어떻게 바꿔 드릴까요?
	怎么换呢?
	전 머 환 너

여 행 자	100위엔짜리 10장과 10위엔짜리 20장을 주세요.
	请给我10张100的和20张10块的。
	칭 게이 워 스 짱 이 바이 더 허 얼 스 짱 스 콰이 더

직 원	얼마를 바꿔드릴까요?
	给您换多少?
	게이 닌 환 뚜오 샤오

여 행 자	8만원이요.
	8万韩币。
	빠 완 한 삐

직 원	현금으로 드릴까요, 수표로 드릴까요?
	给您现金, 还是支票?
	게이 닌 시엔 찐, 하이 쓰 쯔 피아오

여 행 자	현금으로 주십시오.
	请给我现金。
	칭 게이 워 시엔 찐

1. 중국의 통용 화폐 - 인민폐

중국에서 현재 통용되는 화폐는 100元(위엔), 50元, 20元, 10元, 5元, 1元, 5角(쟈오), 2角, 1角, 5分(펀), 2分, 1分 등의 12가지이며, 이 중에서 동전은 1元, 5角, 1角, 5分, 2分, 1分 등이다. 1元, 1角, 5角 등은 지폐와 동전이 혼용되고 있다. 참고로 중국은 외환태환권(외국인용)과 인민폐(중국 국민용)를 함께 사용하던 것을 1994년 6월 가트(Gatt) 가입 이후 단일화시켰다. 따라서 현재는 인민폐만 통용되고 있으며, 그 이전의 태환권은 사용이 금지되었다.

2. 중국 내에서의 환전

중국에서는 심양(요령성의 성도)을 제외하고는 한국 원화를 환전하기는 어렵다. 공항의 은행이나 일반은행에서도 달러나 T/C(여행자수표)는 인민폐로 환전할 수 있다.

▶ 중국 동전과 지폐

5위엔(콰이)

20위엔(콰이)

1위엔(콰이)

10위엔(콰이)

100위엔(콰이)

5쟈오(마오)

⑤ 호텔로 이동

공항버스는 어디에서 탑니까?
民航汽车在哪儿坐?
민 항 치 처 짜이 날 쭈오

🐟 유용한 표현

- 버스요금은 얼마입니까?
  车费是多少?
  처 페이 쓰 뚜오 샤오

- 시내로 가는 버스가 있습니까?
  有没有到市内的公汽?
  여우 메이 여우 따오 스 네이 더 꽁 치

- 호텔까지 어떻게 갑니까?
  到宾馆怎么走?
  따오 삔 관 전 머 저우

- 어떻게 가면 됩니까?
  怎么走才行呢?
  전 머 저우 차이 싱 너

- 호텔까지 몇 분 걸립니까?
  到宾馆多长时间?
  따오 삔 관 뚜오 창 스 지엔

- 택시 타는 곳은 어디입니까?
  出租车站在哪儿?
  추 쭈 처 짠 짜이 날

교통수단

1. 버스
2. 기차
3. 택시
4. 자전거
5. 선박
6. 지하철
7. 렌터카
8. 주유소
9. 드라이브

① 버스

3번 버스는 어디에서 탑니까?
三号车在哪儿坐?
싼 하오 처 짜이 날 쭈오

버스 정보

▲ 천인문

- 천안문 가는 버스는 몇 번인가요?
  哪辆车去天安门?
  나 량 처 취 티엔 안 먼

- 막차(첫차)는 몇 시죠?
  末班车(始发车)是几点?
  모 빤 처 (스 파 처) 쓰 지 디엔

- 시내까지 가는 대중 교통은 있습니까?
  有没有到市内的公交车?
  여우 메이 여우 따오 스 네이 더 꽁 찌아오 처

- 어떻게 그곳에 가는지 가르쳐 주세요.
  请告诉我怎么去那儿。
  칭 까오 쑤 워 전 머 취 날

- 힐튼호텔에서 제일 가까운 정류장은 어디입니까?
  离希尔顿最近的停车场在哪儿?
  리 씨 얼 뚠 쮀이 찐 더 팅 처 창 짜이 날

- 시내로 가는 버스 정류장은 어디입니까?
  往市内走的汽车站在哪儿?
  왕 스 네이 저우 더 치 처 짠 짜이 날

- 이 버스는 북해공원에 갑니까?
  这个汽车到北海公园吗?
  쩌 거 치 처 따오 베이 하이 꽁 위엔 마

- 다음 정류장은 어디입니까?
  下一站是哪儿?
  시아 이 짠 쓰 날

- 갈아타야 합니까?
  要换车吗?
  야오 환 처 마

- 어디에서 갈아타야 합니까?
  在哪儿换车?
  짜이 날 환 처

- 어느 정도 시간이 걸립니까?
  要花多长时间?
  야오 화 뚜오 창 스 지엔

- 버스가 몇 시에 출발합니까?
  汽车几点出发?
  치 처 지 디엔 추 파

교통수단

 어휘

· 막차	末班车	모 빤 처
· 첫차	始发车	스 파 처
· 정류장	停车场	팅 처 창
· 다음 정류장	下一站	시아 이 짠

95

 **버스 안**

- 자리 있습니까?
  有座吗?
  여우 쭈오 마

- 버스를 잘못 탔어요.
  您坐错车了。
  닌 쭈오 추오 처 러

▲ 북해공원

- 여기서 내려 주세요.
  在这儿停一下车。
  짜이 쩔 팅 이 샤 처

- 북해공원에 도착하면 가르쳐 주세요.
  到了北海公园，请告诉我。
  따오 러 베이 하이 꿍 위엔, 칭 까오 쑤 워

- 여기서(다음에) 내립니다.
  在这儿(下一站)下。
  짜이 쩔 (시아 이 짠) 시아

- 도중에 내려도 됩니까?
  中途下车，可以吗?
  쭝 투 시아 처, 커 이 마

- 어디서 내리면 되나요?
  要在哪儿下车呢?
  야오 짜이 날 시아 처 너

- 북해공원까지 몇 정거장을 더 가야 합니까?
  到北海公园，还有几站呢?
  따오 베이 하이 꿍 위엔, 하이 여우 지 짠 너

차표

- 항주 행 한 장 주세요.
  请给我一张开往杭州的票。
  칭 게이 워 이 짱 카이 왕 항 저우 더 피아오

- 서안 행 좌석을 예매하려고 합니다.
  我想预订开往西安的票。
  워 샹 위 띵 카이 왕 시 안 더 피아오

- 서안 행 내일 8시 왕복표를 주십시오.
  给我一张明天8点到西安的往返票。
  게이 워 이 짱 밍 티엔 빠 디엔 따오 시 안 더 왕 판 피아오

- 매표소는 어디에 있습니까?
  售票处在哪儿?
  쇼우 피아오 추 짜이 날

- 차표는 어디서 삽니까?
  车票在哪儿买?
  처 피아오 짜이 날 마이

- 버스 안에서 표를 구입할 수 있나요?
  在车内可以买到票吗?
  짜이 처 네이 커 이 마이 다오 피아오 마

- 버스요금은 얼마입니까?
  车费是多少?
  처 페이 쓰 뚜오 샤오

- 시내까지 얼마입니까?
  到市内多少钱?
  따오 스 네이 뚜오 샤오 치엔

여행자	버스는 몇 분마다 출발합니까? 汽车每隔几分钟出发一次？ 치 처 메이 거 지 펀 쭝 추 파 이 츠
행 인	버스는 10분마다 운행합니다. 汽车每隔十分钟发一次车。 치 처 메이 거 스 펀 쭝 파 이 츠 처

여행자	버스를 멈추게 하려면 어떻게 합니까? 怎么让汽车停下来呢？ 전 머 랑 치 처 팅 시아 라이 너
행 인	벨을 누르면 됩니다. 按铃就可以。 안 링 찌우 커 이

여행자	항주로 가는 버스는 어디에서 탈 수 있습니까? 去杭州的汽车在哪儿坐？ 취 항 저우 더 치 처 짜이 날 쭈오
행 인	버스 정류장은 여기서 한 블록 떨어져 있습니다. 汽车站离这儿有一个街区。 치 처 짠 리 쩔 여우 이 거 지에 취

깜짝센스

잔돈

버스를 타거나 택시를 탈 때는 잔돈을 미리 준비하는 것이 좋다. 택시는 50위엔짜리 미만과 10위엔짜리로 준비하고, 버스는 2위엔짜리 미만으로 준비한다.

1. 버스 타기

일반적으로 안내양이 버스표를 판다. 시내요금은 1위엔~2위엔이고, 중국인들은 보통 월표나 교통카드를 이용한다. 정거장에 각 버스의 노선도가 나와 있으며 중요한 landmark는 다 표시되어 있다.

2. 시내버스 (公共汽车)

일반버스와 전차(无轨电车), 소형버스(小公共汽车)가 있다. 여러 개의 노선이 북경시내 구석구석을 운행하며 노선안내도는 호텔이나 역, 터미널의 매점에서 구할 수 있다. 정류장에 정차 버스의 번호가 적혀 있으므로 확인한다. 승차 후 안내양에게 행선지를 말하고 요금을 지불하면 차표를 주며, 요금은 거리마다 다르다.

❷ 기차

이 기차의 자리를 예약하고 싶습니다.
我想订这个火车的座位。
워 샹 띵 쩌 거 후오 처 더 쭈오 웨이

예약

- 만석입니다.
  满座。
  민 쭈오

- 광주 행 침대카로 예약하려고 합니다.
  我想订开往广州的卧铺。
  워 샹 띵 카이 왕 광 저우 더 워 푸

- 어디에서 예약할 수 있나요?
  在哪儿可以预订呢?
  짜이 날 커 이 위 띵 너

- 식당칸(침대칸)은 있습니까?
  有没有餐车(卧铺间)?
  여우 메이 여우 찬 처 (워 푸 찌엔)

- 예약을 변경하려고 합니다.
  我想更改预订。
  워 샹 껑 가이 위 띵

- 상단으로 주십시오.

  给我上铺。
  게이 워 상 푸

- 기차를 예약해야 합니까?

  要预订火车吗?
  야오 위 띵 후오 처 마

- 식당칸은 어디에 있습니까?

  餐车在哪儿?
  찬 처 짜이 날

 기차표

- 항주행 열차표 2장 주세요.

  给我两张到杭州的火车票。
  게이 워 량 짱 따오 항 저우 더 후오 처 피아오

- 매표소는 어디입니까?

  售票处在哪儿?
  쇼우 피아오 추 짜이 날

- 급행표로 주십시오.

  给我特快票。
  게이 워 터 콰이 피아오

- 왕복표 1장 주세요.
  给我一张往返票。
  게이 워 이 짱 왕 판 피아오

- 편도 기차표 3장 주세요.
  给我三张单程火车票。
  게이 워 싼 짱 딴 청 후오 처 피아오

- 성인 2장, 어린이 1장 주세요.
  给成人票两张, 小孩儿票一张。
  게이 청 런 피아오 량 짱, 시아오 할 피아오 이 짱

- 가장 빨리 출발하는 표로 주십시오.
  给我发最快的火车票。
  게이 워 파 쮀이 콰이 더 후오 처 피아오

- 표를 잃어버렸습니다.
  票弄丢了。
  피아오 농 띠우 러

- 흡연석으로 주십시오.
  给我吸烟席。
  게이 워 씨 옌 시

깜짝센스

기차시간표

여러 곳을 여행할 경우는 기차시간표를 구입하여 활용한다. 8위엔 정도면 구입할 수 있고, 기차별로 기차요금이 나와 있어 가격 대비 효과가 뛰어나다.

행선지 확인

- 이 열차는 어디로 갑니까?

  这个火车到哪儿?
  쩌 거 후오 처 따오 날

- 기차를 잘못 탔습니다.

  坐错火车了。
  쭈오 추오 후오 처 러

- 이 기차는 장춘으로 갑니까?

  这个火车到长春吗?
  쩌 거 후오 처 따오 창 춘 마

- 심양에 몇시에 도착합니까?

  几点到沈阳?
  지 디엔 따오 션 양

- 이 열차는 매일 운행합니까?

  这个火车每天都发吗?
  쩌 거 후오 처 메이 티엔 또우 파 마

- 이 기차는 북경까지 갑니까?

  这个火车到北京吗?
  쩌 거 후오 처 따오 베이 찡 마

- 다음 정차역은 어디입니까?

  下一站是哪儿?
  시아 이 짠 쓰 날

교통수단

출발

- 5번 플랫폼은 어디입니까?
  五号站台在哪儿?
  우 하오 짠 타이 짜이 날

- 왜 기차가 오지 않죠?
  为什么火车还不来?
  웨이 션 머 후오 처 하이 뿌 라이

▲ 북경역

- 급행열차가 있습니까?
  有没有特快车?
  여우 메이 여우 터 콰이 처

- 청도 행은 몇 번 플랫폼입니까?
  开往青岛的火车在哪个站台?
  카이 왕 칭 다오 더 후오 처 짜이 나 거 짠 타이

- 이 역은 무슨 역입니까?
  这是什么站?
  쩌 쓰 션 머 짠

- 다음 기차는 언제 있습니까?
  下一辆火车什么时候有?
  시아 이 량 후오 처 션 머 스 허우 여우

- 발차 시간은 몇 시입니까?
  发车时间是几点?
  파 처 스 지엔 쓰 지 디엔

- 다음 열차는 언제 출발합니까?

  下一辆火车几点发?

  시아 이 량 후오 처 지 디엔 파

 열차 안

- 이 좌석은 어디 있나요?

  这个座位在哪儿?

  쩌 거 쭈오 웨이 짜이 날

- 이 자리 비어 있습니까?

  这个座位空着吗?

  쩌 거 쭈오 웨이 콩 저 마

- 창문을 열어도 좋습니까?

  可以开窗吗?

  커 이 카이 촹 마

- 짐을 위에 올려 주시겠어요?

  请帮我把行李放上去, 好吗?

  칭 빵 워 바 싱 리 팡 샹 취, 하오 마

- 거기는 제 자리입니다.

  那儿是我的座位。

  날 쓰 워 더 쭈오 웨이

- 여기서는 얼마나 정차합니까?
  在这儿停多长时间?
  짜이 쩔 팅 뚜오 창 스 지엔

- 도중 하차할 수 있습니까?
  中途可以下车吗?
  쭝 투 커 이 시아 처 마

깜짝센스

기차시간

기차 이동시간을 잘 알아둔다. 보통 15~20시간 이내로, 저녁에 출발하면 아침에 도착하게 된다. 여행기간이 짧을수록 이동거리를 줄이는 것이 경비와 시간을 절약하는 방법이다. 따라서 대략적인 기차 시간표를 한국에서 미리 알고 가는 것이 좋다.

열차 탑승

열차 탑승을 할 때는 반드시 1시간 전에는 역에 도착하는 것이 좋다. 자신이 탈 열차가 그 역에서 출발하는 열차라면 보통 30분이나 20분 전에 개찰하기 시작한다. 그리고 역이 비교적 큰 곳은 1, 2층에 있는 10개 이상의 대합실에서 기차가 출발하기 때문에 반드시 역에 일찍 도착해서 출발하는 곳을 확인하고 30분 전에는 대합실에서 대기하고 있는 것이 좋다. 출발하는 곳을 알아본 후에 열차 안에서 먹을 간식들을 준비하는 것도 잊지 말자.

명소 · 볼거리

● 천단공원 (天坛公园 : 톈탄꽁위엔)

명나라 영락제 때에 건립되어 청나라 때 완성된 건축물로서, 명·청의 황제들이 곡식의 풍요를 기원하기 위해 천신에게 제사를 드리던 곳이다. 기년전(**祈年殿**), 원구(**圆丘**), 황궁우(**皇穹宇**) 등의 건물이 남아 있는데, 그 중에서도 기년전(**祈年殿** : 누각)은 외관상의 아름다움 뿐만 아니라, 못 하나도 사용하지 않은 목조 건축만의 독특한 매력을 지니고 있다. 기년전은 짙은 청색 기와를 원형으로 얹었는데, 이는 고대 중국에서는 하늘이 둥글다는 믿음이 있었기 때문이었다.

천단공원 안에는 원구단이 있으며, 원구단의 북쪽에는 역대 황제의 위패를 모셔둔 황궁우가 자리잡고 있고, 이 황궁우를 원형으로 둘러싸고 있는 회음벽(**回音壁**)이 있다. 이 벽은 말 그대로 '소리가 되돌아오는 벽'이라는 뜻인데, 벽이 워낙 촘촘하게 지어져서 소리가 새어나가지 못하게 되어 있다고 한다.

▲ 기년전 대로

▲ 원구단

❸ 택시

(주소를 보여주며) 이 주소로 가 주세요.
请带我到这个地方。
칭 따이 워 따오 쩌 거 띠 팡

🗣 행선지

- 장성호텔까지 가 주세요.
  请带我到长城宾馆。
  칭 따이 워 따오 창 청 삔 관

- 택시 정류소가 어디입니까?
  出租车乘降站在哪儿?
  추 쭈 처 청 시앙 짠 짜이 날

- 공항까지 시간이 얼마나 걸립니까?
  到机场要多长时间?
  따오 찌 창 야오 뚜오 창 스 지엔

- 저는 장성호텔에 가려고 합니다.
  我想到长城宾馆。
  워 샹 따오 창 청 삔 관

- 다음에서 왼쪽(오른쪽)으로 돌아 주세요.
  在这之后请往左(右)拐。
  짜이 쩌 쯔 허우 칭 왕 주오(여우) 파이

- 앞으로 가세요.
  请直走。
  칭 즈 저우

택시 안

- 여기서 세워주세요.
  在这儿停一下。
  짜이 쩔 팅 이 샤

- 창문을 닫아도 될까요?
  可以关窗吗?
  커 이 꾸안 창 마

- 여기서 잠시만 기다려 주세요.
  在这儿稍等一下。
  짜이 쩔 샤오 덩 이 샤

- 30분 후에 올게요.
  三十分钟后回来。
  싼 스 펀 쯍 허우 회이 라이

- 서둘러 가 주세요. / 천천히 가 주세요.
  请快点。 / 请慢点开。
  칭 콰이 디엔 / 칭 만 디엔 카이

깜짝센스

택시 탈 때 유의할 점

북경 택시 대부분은 보조석 전면에 '중간하차시 보증금을 주십시오.' 와 '도로비(톨게이트비)는 손님이 내십니다.' 라는 문구가 쓰여 있다. 도로비를 제외하고는 요금을 흥정하는 것이 유리하다. 요금을 많이 청구한다면 영수증을 반드시 받아서 교통 공안국에 신고한다.

- 잔돈은 가지세요.
  零钱不要找了。
  링 치엔 부 야오 자오 러

- 팁입니다.
  这是小费。
  쩌 쓰 시아오 페이

- 영수증 좀 주시겠어요?
  给我发票，好吗？
  게이 워 파 피아오, 하오 마

- 트렁크를 열어 주시겠어요?
  请打开行李箱，好吗？
  칭 다 카이 싱 리 썅, 하오 마

 어 휘

· 택시 정류소	出租车乘降站	추 쭈 처 청 시앙 짠
· 잠시만	暂时	짠 스
· 서둘러	快点	콰이 디엔
· 천천히	慢点	만 디엔

택시 이용

북경은 택시의 기본요금이 10위엔 정도, 서안과 연태는 5~6위엔 정도이다. 북경 공항이나 상해 공항에서 도심지로 갈 때는 요금이 200위엔 정도로 많이 나오므로, 공항 셔틀버스를 이용하는 편이 경제적이다. 주요 공항에는 도심간 셔틀버스가 있으므로 출국시 미리 셔틀버스를 알아보고 간다.

실용회화
Dialogue

택시 운전수	어디까지 가십니까? 您到哪儿？ 닌 따오 날
승 객	6시까지 북해공원으로 가 주세요. 六点之前到北海公园。 리우 디엔 쯔 치엔 따오 베이 하이 꽁 위엔
택시 운전수	어디에서 내리겠습니까? 您要在哪儿下车？ 닌 야오 짜이 날 시아 처
승 객	여기에서 내려주세요. 请在这儿停车。 칭 짜이 쩔 팅 처
택시 운전수	잔돈이 없습니다. 没有零钱。 메이 여우 링 치엔
승 객	잔돈은 가지세요. 零钱你拿着吧。 링 치엔 니 나 저 바

교통수단

❹ 자전거

이곳에 자전거를 보관해 주세요.
请在这儿保管自行车。
칭 짜이 쩔 바오 관 쯔 싱 처

유용한 표현

- 공기를 주입해 주세요.
  请给我打一下汽。
  칭 게이 워 다 이 샤 치

- 브레이크가 말을 듣지 않아요.
  刹车不好使。
  싸 처 뿌 하오 스

- 여기다 놓으면 되나요?
  放这儿可以吗?
  팡 쩔 커 이 마

- 반납하려고 합니다.
  我想还车。
  워 샹 환 처

- 보증금을 돌려주십시오.
  请还给我押金。
  칭 환 게이 워 야 찐

- 타이어가 펑크났어요.
  轮胎爆了。
  룬 타이 빠오 러

- 자전거는 어디서 대여하나요?
  在哪儿租自行车?
  짜이 날 쭈 쯔싱 처

- 자전거를 하루 동안 빌리고 싶은데요.
  我想借一天自行车。
  워 샹 찌에 이 티엔 쯔싱 처

- 얼마입니까?
  多少钱?
  뚜오 샤오 치엔

교통수단

 어휘

· 브레이크	刹车	싸 처
· 타이어	轮胎	룬 타이
· 자전거	自行车	쯔싱 처
· 빌리다	借	찌에

113

❺ 선박

[1등석으로 주세요.
给我头等舱。
게이 워 터우 덩 창]

 ### 예약

- 일인용 선실은 얼마입니까?
  单人舱多少钱？
  딴 런 창 뚜오 샤오 치엔

- 제일 싼 자리는 얼마인가요?
  最便宜的多少钱？
  쩨이 피엔 이 더 뚜오 샤오 치엔

- 제일 싼 자리는 뭔가요?
  什么舱最便宜？
  션 머 창 쩨이 피엔 이

- 천인호 표 두 장 주세요.
  给两张天仁号的票。
  게이 량 짱 티엔 런 하오 더 피아오

- 선실은 어디입니까?
  船舱在哪儿？
  촨 창 짜이 날

 출항

- 항구는 어떻게 갑니까?
  港口怎么走?
  강 커우 전 머 저우

- 언제 출항합니까?
  什么时候启航?
  션 머 스 허우 치 항

- 어디에서 승선합니까?
  在哪儿乘船?
  짜이 날 청 찬

- 승선 시간은 몇 시입니까?
  乘船时间是几点?
  청 찬 스 지엔 쓰 지 디엔

- 배멀미가 납니다.
  我晕船。
  워 윈 찬

- 의사를 불러 주세요.
  请叫医生。
  칭 찌아오 이 셩

- 상하이까지 시간이 어느 정도 걸립니까?
  多长时间才到上海?
  뚜오 창 스 지엔 차이 따오 샹 하이

교통수단

⑥ 지하철

전문으로 가는 것은 몇 호선입니까?
到前门坐几号线?
따오 치엔 먼 쭈오 지 하오 시엔

유용한 표현

- 가장 가까운 지하철역은 어디 있습니까?
  最近的地铁站在哪儿?
  쩨이 찐 너 띠 티에 짠 짜이 날

- 왕푸징까지 가려면 어느 역에서 갈아타야 합니까?
  去王府井, 要在哪儿换车?
  취 왕 푸 징, 야오 짜이 날 환 처

- 어느 역에서 타야 합니까?
  在哪一站上车?
  짜이 나 이 짠 샹 처

- 지하철표는 어디에서 삽니까?
  地铁票在哪儿买?
  띠 티에 피아오 짜이 날 마이

- 지하철 노선도를 주세요.
  请给我地铁路线图。
  칭 게이 워 띠 티에 루 시엔 투

- 표 한 장 주세요.

    给我一张票。
    게이 워 이 짱 피아오

- 천안문으로 나가는 출구는 어디입니까?

    几号出口到天安门?
    지 하오 추 커우 따오 티엔 안 먼

- 어느 역에서 내려야 합니까?

    要在哪一站下车?
    야오 짜이 나 이 짠 시아 처

 어휘

· 몇호선	几号线	지 하오 시엔
· 지하철 역	地铁站	띠 티에 짠
· 지하철표	地铁票	띠 티에 피아오
· 지하철 노선도	地铁路线图	띠 티에 루 시엔 투

교통수단

▲ 왕푸징 거리

▲ 천안문

117

여 행 자	표를 보여주십시오. 请出示票。 칭 추 쓰 피아오
매표소 직원	여기 있습니다. 给你。 게이 니
여 행 자	중남해로 가는 것은 몇 호선입니까? 几号线到中南海? 지 하오 시엔 따오 쭝 난 하이
매표소 직원	1호선입니다. 1号线。 이 하오 시엔
여 행 자	거기에 가려면 얼마나 걸립니까? 到那儿要花多长时间? 따오 날 야오 화 뚜오 창 스 지엔
매표소 직원	별로 멀지 않아요, 15분 정도 걸립니다. 不太远，大约十五分钟。 부 타이 위엔, 따 위에 스 우 펀 쭝

지하철 (地铁, 띠티에)

환상선(环状线)과 동서선(东西线) 두 노선이 있다. 환상선은 북경역(北京站, 베이징짠), 건국문(建国门, 찌엔궈먼)까지 구내성 지역을 일주한다.

동서선은 서단(西单, 시단), 평과원(萍果园, 핑궈위엔)을 연결하는데 복흥문(复兴门, 푸싱먼)에서 환상선과 만난다. 10분 간격으로 운행되며, 요금은 3위엔으로 전 구간이 동일하다.

교통수단

❼ 렌터카

차를 빌리고 싶은데요.
我想租车。
워 샹 쭈 처

차 대여

- 소형차를 일주일 빌려주십시오.
  给我租一个星期的小型车。
  게이 워 쭈 이 거 씽 치 더 시아오 싱 처

- 레저카로 3일 동안 빌려주십시오.
  我想租三天的休闲车。
  워 샹 쭈 싼 티엔 더 시우 시엔 처

- 스포츠카 오토로 빌려주십시오.
  我要租跑车。
  워 야오 쭈 파오 처

- 내일 오전 10시부터 6시까지 사용하려고 합니다.
  我想从明天上午十点到六点使用。
  워 샹 총 밍 티엔 샹 우 스 디엔 따오 리우 디엔 스 용

- 운전 면허증을 보여주십시오.
  请给我看驾驶证。
  칭 게이 워 칸 찌아 스 쩡

- 요금표를 보여주십시오.

    请给我看价格表。

    칭 게이 워 칸 찌아 거 비아오

- 대여 요금은 하루에 얼마입니까?

    一天的租赁费是多少钱?

    이 티엔 더 쭈 린 페이 쓰 뚜오 샤오 치엔

- 기름값이 포함된 것입니까?

    包括油费了吗?

    빠오 쿼 여우 페이 러 마

- 어디에서 기다리면 될까요?

    在哪儿等好呢?

    짜이 날 덩 하오 너

보험과 보증금

- 종합보험으로 해주십시오.

    给我办综合保险吧。

    게이 워 빤 쭝 허 바오 시엔 바

- 보증금은 얼마입니까?

    押金是多少?

    야 찐 쓰 뚜오 샤오

- 보증금이 필요합니까?

    要押金吗?

    야오 야 찐 마

- 보험에 가입되어 있나요?

  加入保险了吗?

  찌아 루 바오 시엔 러 마

- 보증금은 어떻게 할까요?

  怎么处理押金呢?

  전 머 추 리 야 찐 너

- 대리점은 어디 있습니까?

  代办处在哪儿?

  따이 빤 추 짜이 날

- 문제가 생기면, 어디로 연락하나요?

  出问题的话，往哪儿打电话呢?

  추 원 티 더 화, 왕 날 다 띠엔 화 너

- 이 차의 조작법을 알려주세요.

  请告诉我怎么开这辆车。

  칭 까오 쑤 워 전 머 카이 쩌 량 처

- 이 차를 돌려드리겠습니다.

  还给您这辆车。

  환 게이 닌 쩌 량 처

 어휘

· 렌트카	组车	쭈 처
· 소형차	小型车	시아오 싱 처
· 레저카	休闲车	시우 시엔 처
· 스포츠카 오토	跑车	파오 처
· 운전 면허증	驾驶证	찌아 스 쩡

실용회화
Dialogue

직 원	어떤 모델을 원하십니까?
	您要什么型号的?
	닌 야오 션 머 싱 하오 더

여행자	소형차가 좋겠어요.
	我要小型车。
	워 야오 시아오 싱 처

직 원	얼마동안 사용하실 건가요?
	要使用多长时间?
	야오 스 용 뚜오 창 스 지엔

여행자	5일이요.
	五天。
	우 티엔

여행자	임대료는 얼마입니까?
	租金多少?
	쭈 찐 뚜오 사오

직 원	하루에 100위엔입니다.
	一天100元。
	이 티엔 이 바이 위엔

교통수단

❽ 주유소

[레귤러로 넣어주세요.
给我加普通汽油。
게이 워 찌아 푸 통 치 여우]

유용한 표현

- 가장 가까운 주유소는 어디입니까?
  最近的加油站在哪儿?
  쩨이 찐 더 찌아 여우 짠 싸이 날

- 이 근처에 주유소가 있습니까?
  这附近有加油站吗?
  쩌 푸 찐 여우 찌아 여우 짠 마

- 제 차 좀 봐주시겠어요?
  请帮我检查一下车, 好吗?
  칭 빵 워 지엔 차 이 샤 처, 하오 마

- 오일을 체크해 주십시오.
  请检查一下汽油。
  칭 지엔 차 이 샤 치 여우

- 타이어를 봐 주시겠어요?
  请给我检查一下轮胎, 好吗?
  칭 게이 워 지엔 차 이 샤 룬 타이, 하오 마

- 화장실을 사용해도 됩니까?
  用一下卫生间，可以吗?
  용 이 샤 웨이 셩 찌엔, 커 이 마

- 가솔린 넣는 방법을 알려주세요.
  请告诉我加汽油的方法。
  칭 까오 쑤 워 찌아 치 여우 더 팡 파

- 기름은 가득 채워주세요.
  请给我加满汽油。
  칭 게이 워 찌아 만 치 여우

 어 휘

· 레귤러	普通汽油	푸 통 치 여우
· 주유소	加油站	찌아 여우 짠
· 체크	检查	지엔 차
· 타이어	轮胎	룬 타이

❾ 드라이브

주차장은 있습니까?
有停车场吗?
여우 팅 처 창 마

유용한 표현

- 이 길이 천진으로 가는 길입니까?
  这条路通往天津吗?
  쩌 티아오 루 퉁 왕 티엔 찐 마?

- 이곳은 일방통행입니까?
  这条路单项行驶吗?
  쩌 티아오 루 딴 썅 싱 스 마

- 노상주차를 해도 됩니까?
  可以在路上停车吗?
  커 이 짜이 루 샹 팅 처 마

- 이곳은 주차금지 구역입니다.
  这儿禁止停车。
  쩔 찐 즈 팅 처

- 시동이 걸리지 않습니다.
  挂不上挡。
  꽈 부 샹 당

- 이 곳은 무슨 거리입니까?

  这是什么街?
  쩌 쓰 션 머 찌에

- 도로 지도는 있습니까?

  有没有路线图?
  여우 메이 여우 루 시엔 투

- 항주까지 몇 마일입니까?

  到杭州还有几英里?
  따오 항 저우 하이 여우 지 잉 리

드라이브 관련어

운전면허증	驾驶执照	찌아 스 즈 짜오
계약서	合同	허 통
주유소	加油站	찌아 여우 짠
가솔린	汽油	치 여우
가득	加满	찌아 만
도로 지도	路线图	루 시엔 투
고속도로	高速公路	까오 쑤 꿍 루
유료도로	收费公路	쇼우 페이 꿍 루
일방통행	单项行驶	딴 쌍 싱 스
교차점	交叉点	찌아오 차 띠엔
사고	事故	쓰 꾸
서행	慢行	만 싱
안전벨트	安全带	안 츄엔 따이
공사중	正在修理	쩡 짜이 시우 리
주차금지	禁止停车	찐 즈 팅 처
주차장	停车场	팅 처 창
추월금지	禁止超车	찐 즈 챠오 처

교통수단

명소 · 볼거리

❍ 천안문 (天安门 ; 톈안먼)

유명한 민주화 운동인 천안문 사태가 일어났던 곳으로 우리에게 너무나도 익숙한 곳이다. 백만 명을 수용하여 집회를 거행할 수 있는, 세계에서 가장 큰 광장으로, 북경 사구의 중심지에 자리하고 있는 천안문은 원래 명·청조의 왕궁의 정문으로서 황제가 조서를 내리던 곳이었다. 북쪽엔 천안문, 서쪽엔 인민 대회당, 남쪽엔 모주석 기념당, 동쪽엔 역사 혁명 박물관이 있는데, 관광객들이 광장 한 가운데에 서서 각 방향으로 사진을 한 장씩 찍게 되는데, 이 곳은 관광객들에게 빼놓을 수 없는 코스!

- 중국 역사박물관 : 천안문 광장의 동쪽에 자리잡고 있다. 5,000년 중국 역사를 원시사회, 노예사회, 봉건사회의 3단계로 나누어 알기 쉽게 표시하고 있으며, 9,000여 점의 문물을 진열하고 있다.

- 혁명박물관 : 역사박물관의 왼쪽에는 혁명박물관이 있다. 혁명박물관은 두 층의 진열실로 되어 있는데, 매층의 면적은 4000㎡에 달한다. 박물관 내에는 중국 아편전쟁시기부터 오늘에 이르기까지의 역사에 대하여 전시하고 있다.

- 민족문화궁 : 천안문 광장의 서쪽에 있다. 13층 건물이며 훤칠한 대건축물이다. 1959년 건국 10주년에 낙성. 인구는 전 인구의 6.7%이면서 면적은 전 국토의 60%를 점유하고 있는 소수민족의 역사를 한눈에 관람할 수 있고, 내부에는 박물관, 도서관, 오락실, 강당이 있다. 천안문에는 큰 문이 하나 있는데, 그 문엔 모두 81개의 못이 박혀 있다. 81이라는 숫자는 황제를 뜻하는 신성한 숫자인 9를 곱한 숫자이고, 그 못을 만지면 소원을 이룰 수 있다는 전설이 있다. 성문 아래에는 금수교(金水桥)가 있고, 다리 북측 좌우엔 홍등, 그리고 다리 남측 좌우에는 한쌍의 화표와 한쌍의 돌사자가 있다. 1949년 10월 1일 모택동(毛泽东) 주석이 천안문(天安门, 톈안먼) 성루에서 새 중국의 창건을 선포하는 개국대전을 선포하였고, 천안문 성루는 1988년 1월 1일부터 정식으로 관광객에게 개방되었다.

숙박

1. 호텔 예약
2. 호텔 체크인
3. 룸서비스
4. 문제 발생
5. 호텔 체크아웃
6. 유스호스텔

❶ 호텔 예약

> 예약을 하고 싶습니다.
> **我想预订。**
> 워 샹 위 띵

🔊 숙박업체 문의

▲ 북경반점

- 싸고 좋은 호텔 좀 추천해 주세요.
  请给推荐一下物美价廉的宾馆。
  칭 게 투이 찌엔 이 샤 우 메이 찌아 리엔 더 삔 관

- 그 호텔은 어떻게 갈 수 있죠?
  那个宾馆怎么走?
  나 거 삔 관 전 머 저우

- 좀더 싼 곳은 없나요?
  有没有再便宜一点的?
  여우 메이 여우 짜이 피엔 이 이 디엔 더

- 숙박업소가 나와있는 안내책자가 있나요?
  有没有介绍旅馆的旅游手册?
  여우 메이 여우 찌에 샤오 뤼 관 더 뤼 여우 쇼우 처

- 더 좋은 곳은 얼마인가요?
  更好一点的多少钱?
  껑 하오 이 디엔 더 뚜오 샤오 치엔

방 예약하기

- 오늘밤 빈 방 있습니까?
  今天晚上有空房吗?
  찐 티엔 완 샹 여우 콩 팡 마

- 더블룸(트윈룸)으로 부탁합니다.
  请给我双人房。
  칭 게이 워 슈앙 런 팡

- 20일에 트윈룸으로 예약하고 싶습니다.
  我想预订20号的双人房。
  워 샹 위 띵 얼 스하오 더 슈앙 런 팡

- 2인용으로 6박을 예약하고 싶습니다.
  我想预订6天，两人用房间。
  워 샹 위 띵 리우 티엔, 량 런 용 팡 찌엔

- 3박하겠습니다.
  住三天。
  쭈 싼 티엔

- 더블침대 방 두 개가 필요합니다.
  我要两间双人床房间。
  워 야오 량 찌엔 슈앙 런 추앙 팡 찌엔

- 제 이름으로 예약해 주세요.
  请用我的名字预订。
  칭 용 워 더 밍 쯔 위 띵

 원하는 방

- 욕실이 있는 싱글룸으로 주세요.
  给我带浴室的单人房。
  게이 워 따이 위 스 더 딴 런 팡

- 10시까지 방을 구해 주세요.
  到10点为止给我弄间房。
  따오 스 디엔 웨이 즈 게이 워 농 찌엔 팡

- 전망이 좋은 방으로 주세요.
  请给我景色好的房间。
  칭 게이 워 징 써 하오 더 팡 찌엔

- 수영장 옆의 방을 원합니다.
  我要游泳池旁边的房间。
  워 야오 여우 용 츠 팡 비엔 더 팡 찌엔

- 산(바다)이 보이는 방을 원합니다.
  我要可以看山(海)的房间。
  워 야오 커 이 칸 샨(하이) 더 팡 찌엔

- 방들이 서로 이웃해 있나요?
  房间都挨着吗?
  팡 찌엔 또우 아이 저 마

- 인터넷 전용선이 깔린 방을 원합니다.
  我要铺有因特网专用线的房间。
  워 야오 푸 여우 인 터 왕 쭈안 용 시엔 더 팡 찌엔

예약 변경 및 취소

- 체재를 3박 연장하고 싶습니다.
  我想多住三天。
  워 샹 뚜오 쭈 싼 티엔

- 예약을 변경하고 싶습니다.
  我想更改预订。
  워 샹 껑 가이 위 띵

- 예약을 취소하고 싶습니다.
  我想取消预订。
  워 샹 취 시아오 위 띵

- 5일까지 예약해 드렸습니다.
  给您预订到5号为止。
  게이 닌 위 띵 따오 우 하오 웨이 즈

- 제가 조금 늦더라도 예약을 유지해 주십시오.
  即使我晚一点，也给我保留预订。
  지 스 워 완 이 디엔, 이에 게이 워 바오 리우 위 띵

- 5월 3일이 아니고, 5월 10일인데 괜찮습니까?
  不是5月3号，是5月10号，可以吗?
  부 쓰 우 위에 싼 하오, 쓰 우 위에 스 하오, 커 이 마

- 귀하의 예약을 취소하겠습니다.
  我将取消您的预订。
  워 찌앙 취 시아오 닌 더 위 띵

- 2인용 방으로 예약했는데, 1인용으로 바꿀 수 있을까요?
  我预订了双人房，可以换成单人间吗?
  워 위 띵 러 슈앙 런 팡, 커 이 환 청 딴 런 찌엔 마

숙박

요금 문의

- 하루 숙박비가 얼마입니까?

  一天的住宿费是多少?
  이 티엔 더 쭈 쑤 페이 쓰 뚜오 샤오

- 전부 얼마입니까?

  总共多少?
  쫑 꽁 뚜오 샤오

- 1박하는 데 얼마입니까?

  住一天多少钱?
  쭈 이 티엔 뚜오 샤오 치엔

- 이 요금은 아침식사가 포함된 것인가요?

  这个费用里包括早餐吗?
  쩌 거 페이 용 리 빠오 쿼 자오 찬 마

- 더 싼 것이 있나요?

  有没有更便宜的?
  여우 메이 여우 껑 피엔 이 더

- 방은 얼마짜리부터 있습니까?

  房间有哪几个价位的?
  팡 찌엔 여우 나 지 거 찌아 웨이 더

- 보증금이 필요한가요?

  需要押金吗?
  쉬 야오 야 찐 마

- 바다가 보이는 방은 얼마입니까?

  能看到海的房间是多少钱?
  넝 칸 따오 하이 더 팡 찌엔 뚜오 샤오 치엔

- 비수기에는 할인이 되나요?

  淡季可以打折吗?
  딴 찌 커 이 다 저 마

- 추가요금은 얼마입니까?

  附加费是多少?
  푸 찌아 페이 쓰 뚜오 샤오

어휘

· 숙박비	住宿费	쭈 쑤 페이
· 전부	总共	종 꽁
· 포함하다	包括	빠오 쿼
· 비수기	淡季	딴 찌
· 추가요금	附加费	푸 쨔 페이

호텔 상식

- 중국은 종업원을 복무원(**服务员**)이라 부른다. [**服务员**, 푸우위엔]
- 한국은 호텔등급을 무궁화로 표기하지만, 중국은 별로 표기한다. 따라서 보통 5성급 호텔, 4성급 호텔이라고 말한다.
- [표준방]은 일반실을 말한다. 보통 기본적인 표준방은 트윈룸[**双人间**, 슈앙런찌엔]과, 싱글룸[**单人间**, 딴런찌엔]이 있다.

❷ 호텔 체크인

체크인하고 싶습니다.
我想登记。
워 샹 떵 찌

미리 예약했을 때

- 예약했습니다.
  预订了。
  위 띵 러

- 예약 확인서를 보여주세요.
  请给我看预订凭单。
  칭 게이 워 칸 위 띵 핑 딴

- 김준이라는 이름으로 예약했습니다.
  用金准的名字预订的。
  용 찐 준 더 밍 쯔 위 띵 더

- 여행사를 통해서 예약했습니다.
  通过旅行社预订的。
  통 꾸오 뤼 싱 셔 위 띵 더

- 이 양식을 작성해 주세요.
  请填一下这个表格。
  칭 티엔 이 샤 쩌 거 비아오 거

- 저 대신 기입해 주시겠습니까?

  请替我填一下好吗?

  칭 티 워 티엔 이 샤 하오 마

예약 착오

- 예약했습니다, 다시 한 번 확인해 주세요.

  预订了,请重新确认一下。

  위 띵 러, 칭 총 신 츄에 런 이 샤

- 분명히 오늘 날짜로 예약했습니다.

  确实是用今天的日期预订的。

  츄에 스 쓰 용 찐 티엔 더 르 치 위 띵 더

- 예약 기록을 찾을 수 없습니다.

  找不到预订记录。

  자오 부 따오 위 띵 찌 루

- 저는 청년 여행사를 통해서 예약했습니다.

  我是通过青年旅行社预订的。

  워 쓰 통 꾸오 칭 니엔 뤼 싱 셔 위 띵 더

- 손님방을 다른 분께 드렸습니다.

  客人的房间给了别人。

  커 런 더 팡 찌엔 게이 러 비에런

숙

박

- 언제 예약하셨습니까?

  什么时候预订的?
  션 머 스 허우 위 띵 더

- 어느 분 성함으로 예약하셨습니까?

  用哪一位的姓名预订的?
  용 나 이 웨이 더 씽 밍 위 띵 더

- 저희는 대개 예약을 확인한 방은 비워놓습니다.

  我们平常把确认预订的房间留着。
  워 먼 핑 창 바 츄에 런 위 띵 더 팡 찌엔 리우 저

직접 방을 구할 때

- 방을 보여 주세요.

  请给我看房间。
  칭 게이 워 칸 팡 찌엔

- 여기 두 사람이 묵을 방 있나요?

  有没有我们两个人可以住的房间?
  여우 메이 여우 워 먼 량 거 런 커 이 쭈 더 팡 찌엔

- 예약하지 않았습니다.

  没有预订。
  메이 여우 위 띵

- 방 두 개가 남았습니다.

  剩了两个房间。
  셩 러 량 거 팡 찌엔

- 먼저 방을 볼 수 있을까요?

    可以先看房间吗?
    커 이 시엔 칸 팡 찌엔 마

- 방을 보시겠습니까?

    要看房间吗?
    야오 칸 팡 찌엔 마

- 더 큰(작은) 방은 없습니까?

    有没有更大(小)的房间?
    여우 메이 여우 껑 따(시아오) 더 팡 찌엔

- 더 싼 방이 있습니까?

    有没有更便宜的房间?
    여우 메이 여우 껑 피엔 이 더 팡 찌엔

- 이 방으로 주세요.

    给我这个房间吧。
    게이 워 쩌 거 팡 찌엔 바

- 지금 지불할게요.

    我要现在付。
    워 야오 시엔 짜이 푸

- 다른 호텔을 추천해 주세요.

    给我推荐别的宾馆。
    게이 워 투이 찌엔 비에 더 삔 관

- 근처에 다른 호텔이 있나요?

    附近有别的宾馆吗?
    푸 찐 여우 비에 더 삔 관 마

숙박

 **호텔 방 안내**

- 제 방으로 안내해 주십시오.
  请带我到房间。
  칭 따이 워 따오 팡 찌엔

- 손님 방은 6층 603호입니다.
  客人的房间是6楼603号。
  커 런 더 팡 찌엔 쓰 리우 로우 리우 링 싼 하오

- 1300호실에 머무르시면 됩니다.
  您住1300房间。
  닌 쭈 야오 싼 링 링 팡 찌엔

- 101호입니다. 여기 방 열쇠가 있습니다.
  101房间。这是房间钥匙。
  야오 링 야오 팡 찌엔. 쩌 쓰 팡 찌엔 야오 스

- 이 카드 키는 어떻게 사용합니까?
  这个钥匙卡怎么使用?
  쩌 거 야오 스 카 전 머 스 용

- 방 열쇠는 여기 있습니다.
  房间钥匙在这儿。
  팡 찌엔 야오 스 짜이 쩔

- 방 열쇠 하나를 더 얻을 수 있을까요?
  可以多要一个房间钥匙吗?
  커 이 뚜오 야오 이 거 팡 찌엔 야오 스 마

- 이 방입니다.
  这个房间。
  쩌 거 팡 찌엔

- 방으로 안내해 드리겠습니다. 가방은 이것이 전부입니까?
  带您到房间，就这些包吗?
  따이 닌 따오 팡 찌엔, 찌우 쩌 시에 빠오 마

- 포터가 방으로 안내해 드릴 겁니다.
  行李员将带您到房间。
  싱 리 위엔 찌앙 따이 닌 따오 팡 찌엔

 짐

- 짐을 맡기는 곳은 어디입니까?
  行李寄存处在哪儿?
  싱 리 찌 춘 추 짜이 날

- 귀중품을 보관해 주시겠습니까?
  替我保管贵重物品，好吗?
  티 워 바오 관 꾸이 쭝 우 핀, 하오 마

- 짐은 제가 운반하겠습니다.
  我来搬行李。
  워 라이 빤 싱 리

- 짐을 방까지 옮겨 주세요.
  请帮我把行李搬到房间。
  칭 빵 워 바 싱 리 빤 따오 팡 찌엔

- 가방 좀 들어주시겠어요?

    能不能帮我拿一下包?

    넝 뿌 넝 빵 워 나 이 샤 빠오

- 저녁까지 짐을 맡아 주세요.

    请帮我把行李保管到晚上。

    칭 빵 워 바 싱 리 바오 관 따오 완 샹

- 택시에서 가방을 꺼내서 방까지 옮겨주세요.

    请从出租车取出包，搬到房间。

    칭 총 추 쭈 처 취 추 빠오, 빤 따오 팡 찌엔

- 가방을 어디에 놓을까요?

    包放哪儿呢?

    빠오 팡 날 너

- 짐을 옮겨 주시겠어요?

    可以帮我搬行李吗?

    커 이 빵 워 빤 싱 리 마

깜짝센스

팁

호텔에서 포터에게는 짐 한개당 1~2위엔, 호텔 서비스요원에게 가끔 10위엔, 호텔에서 짐 1회 운반 3~5위엔, 룸메이드에게는 하루에 침대당 10위엔 정도가 적당하다.

실용회화
Dialogue

직 원	예약하셨습니까? 预订了吗? 위 띵 러 마	
여행자	서울에서 예약했습니다. 在汉城预订了。 짜이 한 청 위 띵 러	

직 원	몇 일 밤 묵을 겁니까? 要住几天? 야오 쭈 지 티엔	
여행자	3일밤 묵을 거예요. 住三天。 쭈 싼 티엔	

여행자	체크아웃은 몇 시입니까? 几点退房? 지 디엔 투이 팡	
직 원	12시에 체크아웃하시면 됩니다. 12点退房就可以。 스 얼 디엔 투이 팡 찌우 커 이	

숙박

❸ 룸서비스

룸서비스를 부탁합니다.
我要房间服务。
워 야오 팡 찌엔 푸 우

🖐 룸서비스 요청

- 1015호실인데요.
  这里是1015号房间。
  쩌 리 쓰 아오 링 야오 우 하오 팡 찌엔

- 룸서비스 됩니까?
  有客房服务吗?
  여우 커 팡 푸 우 마

- 룸서비스를 부르려면 어떻게 해야 합니까?
  怎么叫客房服务?
  전 머 찌아오 커 팡 푸 우

- 룸서비스입니다, 들어가도 될까요?
  客房服务, 可以进去吗?
  커 팡 푸 우. 커 이 찐 취 마

- 내일 아침 6시에 모닝콜을 부탁합니다.
  请明天早上六点叫醒我。
  칭 밍 티엔 자오 샹 리우 디엔 찌아오 싱 워

식사·음료 주문

- 아침식사를 방으로 가져다 주세요.

  请帮我把早餐送到房间里。

  칭 빵 워 바 자오 찬 쑹 따오 팡 찌엔 리

- 식사를 오후 7시경까지 가져다 줄 수 있나요?

  能不能在下午七点之前给我送餐。

  넝 뿌 넝 짜이 시아 우 치 디엔 쯔 치엔 게이 워 쑹 찬

- 802호실로 샌드위치와 주스를 갖다 주세요.

  请往802房间送三明治和果汁。

  칭 왕 빠 링 얼 팡 찌엔 쑹 싼 밍 쯔 허 궈 쯔

- 안녕하십니까, 아침식사를 가져왔습니다!

  早上好，您的早餐！

  자오 샹 하오, 닌 더 자오 찬

- 스카치 한 병과 얼음을 부탁합니다.

  请给我一瓶苏格兰威士忌和冰块。

  칭 게이 워 이 핑 쑤 거 란 웨 쓰 찌 허 삥 콰이

- 주문한 것을 서둘러 주세요.

  帮我催一催。

  빵 워 추이 이 추이

- 맥주 세 병을 주문했는데, 왜 아직 안 오죠?

  我点了三瓶啤酒，为什么还不来？

  워 디엔 러 싼 핑 피 지우, 웨이 션 머 하이 뿌 라이

- 얼음을 좀 가져다 주시겠어요?

  能给我拿点冰块吗？

  넝 게이 워 나 디엔 삥 콰이 마

 **방 청소**

- 방을 청소해 주십시오.
  请给我打扫房间。
  칭 게이 워 다 사오 팡 찌엔

- 청소를 해야겠는데요.
  我的房间需要打扫。
  워 더 팡 찌엔 쉬 야오 다 사오

- 방을 깨끗이 청소해 주세요.
  请把房间打扫干净。
  칭 바 팡 찌엔 다 사오 깐 찡

- 아직 방 청소가 안됐습니다.
  房间还没打扫好。
  팡 찌엔 하이 메이 다 사오 하오

- 외출한 동안 방을 청소해 주시겠어요?
  我外出的时候，请帮我打扫房间好吗？
  워 와이 추 더 스 허우, 칭 빵 워 다 사오 팡 찌엔 하오 마

- 침대를 정돈해 주세요.
  请给我整理床。
  칭 게이 워 정 리 추앙

- 청소해 주십시오.
  请给我打扫一下。
  칭 게이 워 다 사오 이 샤

세탁

- 드라이 클리닝 됩니까?

  可以干洗吗?
  커 이 깐 시 마

- 호텔에 세탁부가 있습니까?

  酒店有洗衣部吗?
  지우 띠엔 여우 시 이 뿌 마

- 이 바지와 셔츠를 세탁해 주세요.

  请帮我洗这件裤子和衬衫。
  칭 빵 워 시 쩌 찌엔 쿠 즈 허 천 산

- 이것을 다림질해 주십시오

  请给我熨这个。
  칭 게이 워 윈 쩌 거

- 언제 됩니까?

  什么时候能弄好?
  션 머 스 허우 넝 농 하오

- 세탁하는 데 얼마나 걸릴까요?

  洗衣服需要多长时间?
  시 이 푸 쉬 야오 뚜오 창 스 찌엔

- 7시에 가져다 주세요.

  七点拿来吧。
  치 디엔 나 라이 바

숙박

147

실용회화
Dialogue

숙 박 객 룸 서비스 됩니까?
有客房服务吗?
여우 커 팡 푸 우 마

룸서비스 네, 손님.
是的，先生。
쓰 더, 시엔 셩

숙 박 객 모닝콜 부탁합니다.
我要叫醒服务。
워 야오 찌아오 싱 푸 우

룸서비스 룸 번호를 알려주세요.
请告诉我房间号码。
칭 까오 쑤 워 팡 찌엔 하오 마

숙 박 객 달걀 세 개와 토스트, 그리고 베이컨 두 조각 주세요.
请给我三个鸡蛋和考面包，还有咸肉两片。
칭 게이 워 싼 거 찌 딴 허 카오 미엔 빠오, 하이 여우 시엔 로우 량 피엔

룸서비스 더 필요한 것은 없습니까?
还要别的吗?
하이 야오 비에 더 마

| 숙박객 | 세탁 좀 부탁합니다.
请给我洗衣。
칭 게이 워 시 이 |

| 세탁부 | 옷을 세탁자루에 넣고, 카드에 내용물을 적으세요.
请把衣服放在洗衣袋里，在卡上填好物品名。
칭 바 이 푸 팡 짜이 시 이 따이 리, 짜이 카 샹 티엔 하오 우 핀 밍 |

| 숙박객 | 언제 됩니까?
什么时候能弄好?
션 머 스 허우 넝 농 하오 |

| 세탁부 | 내일 모레 될 겁니다.
大概明后天。
따 까이 밍 허우 티엔 |

| 숙박객 | 저는 내일 필요합니다.
我明天就要。
워 밍 티엔 찌우 야오 |

| 세탁부 | 그렇다면 카드에 적어주세요.
那么，在卡上写好。
나 머, 짜이 카 샹 시에 하오 |

숙박

❹ 문제 발생

화장실에 휴지가 없습니다.
卫生间没有手纸。
웨이 셩 찌엔 메이 여우 쇼우 즈

 화장실

- 욕실에 수건이 없습니다.
  浴室里没有毛巾。
  위 스 리 메이 여우 마오 찐

- 여분의 비누를 주십시오.
  请给个备用香皂。
  칭 게이 거 뻬이 용 시앙 짜오

- 수도꼭지가 망가졌습니다.
  水龙头坏了。
  수이 롱 터우 화이 러

- 욕실 불이 나갔습니다.
  浴室的灯灭了。
  위 쓰 더 떵 미에 러

- 변기 물이 나오지 않습니다.
  马桶不出水。
  마 통 뿌 추 수이

- 변기가 막혔습니다.
  马桶堵了。
  마 퉁 두 러

- 화장지를 다 썼습니다.
  手纸用完了。
  쇼우 즈 용 완 러

- 뜨거운 물이 나오지 않아요.
  不出热水。
  뿌 추 러 수이

- 화장실에 치약이 없어요.
  卫生间没有牙膏。
  웨이 셩 찌엔 메이 여우 야 까오

숙박

열쇠

- 열쇠를 잊고 안 가져 왔어요.
  忘带钥匙了。
  왕 따이 야오 스 러

- 방문이 안에서 잠겼어요.
  房门被反锁了。
  팡 먼 뻬이 판 수오 러

- 열쇠를 방안에 두고 왔어요.
  把钥匙落在房间里了。
  바 야오 스 라 짜이 팡 찌엔 리 러

- 방 열쇠가 망가졌어요.
  房间钥匙坏了。
  팡 찌엔 야오 스 화이 러

- 열쇠를 잃어 버렸어요.
  我丢了钥匙。
  워 띠우 러 야오 스

- 문이 저절로 잠깁니다.
  门自动锁上了。
  먼 쯔 똥 쒀 샹 러

- 문이 잠기지 않습니다.
  门锁不上。
  먼 쒀 부 샹

- 문이 안 열리는데 열어주시겠어요?
  门打不开，帮我开一下，好吗?
  먼 다 뿌 카이, 빵 워 카이 이 샤, 하오 마

- 여분의 열쇠가 있습니까?
  有备用的钥匙吗?
  여우 뻬이 용 더 야오 스 마

 소음

- 더 조용한 방을 부탁합니다.
  我要更安静的房间。
  워 야오 껑 안 찡 더 팡 찌엔

- 방을 바꿔 주세요.
  请给我换一下房间。
  칭 게이 워 환 이 샤 팡 찌엔

- 옆방이 너무 시끄러워서요.
  因为隔壁太吵了。
  인 웨이 거 삐 타이 차오 러

- 더 깨끗한 방을 부탁합니다.
  我要更干净的房间。
  워 야오 껑 깐 찡 더 팡 찌엔

 기타 요구 사항

- 에어컨이 작동하지 않습니다.
  空调不启动。
  콩 티아오 뿌 치 똥

- TV가 고장났어요.
  电视坏了。
  띠엔 쓰 화이 러

- 방 청소가 안 되어 있습니다.
  房间没有打扫。
  팡 찌엔 메이 여우 다 사오

 어휘

· 화장실	卫生间	웨이 셩 찌엔
· 휴지	手纸	쇼우 즈
· 비누	肥皂	페이 짜오
· 수도꼭지	水龙头	수이 롱 터우
· 변기	马桶	마 통
· 치약	牙膏	야 까오

프론트에 부탁하기

- 여기에 열쇠 좀 맡길게요.
  我把钥匙放这儿保管一下。
  워 바 야오 스 팡 쩔 바오 관 이 샤

- 103호실 열쇠를 주세요.
  请给我103房间的钥匙。
  칭 게이 워 야오 링 싼 팡 찌엔 더 야오 스

- 제게 연락 온 거 있나요?
  有没有我的留言?
  여우 메이 여우 워 더 리우 앤

- 공항까지 가는 리무진 버스가 있나요?
  有到机场的民航班车吗?
  여우 따오 찌 창 더 민 항 빤 처 마

- 시내 투어가 있나요?
  有市内游吗?
  여우 스 네이 여우 마

- 이 부근에 쇼핑몰이 있나요?
  这附近有购物中心吗?
  쩌 푸 찐 여우 꺼우 우 쭝 씬 마

- 우편물이 오지 않았나요?
  有没有我的邮件?
  여우 메이 여우 워 더 여우 찌엔

- 이곳에서 우편물을 부칠 수 있나요?
  在这儿可以寄邮件吗?
  짜이 쩔 커 이 찌 여우 찌엔 마

실용회화
Dialogue

투숙객	방을 바꿀 수 있을까요? 可以换房间吗? 커 이 환 팡 찌엔 마
직 원	잠시만 기다리세요, 확인해 보겠습니다. 请稍等，我给您确认一下。 칭 샤오 덩, 워 게이 닌 츄에 런 이 샤

직 원	언제 바꾸고 싶으신가요? 您想什么时候换? 닌 샹 션 머 스 허우 환
투숙객	가능하다면, 내일 부탁합니다. 可以的话，明天。 커 이 더 화, 밍 티엔

투숙객	에어컨이 고장났습니다. 空调坏了。 콩 티아오 화이 러
직 원	죄송합니다, 곧 수리해 드리겠습니다. 对不起，马上给您修理。 뚜이 뿌 치, 마 샹 게이 닌 시우 리

숙박

❺ 호텔 체크아웃

> 지금 체크아웃하고 싶습니다.
> **我想现在退房。**
> 워 샹 시엔 짜이 투이 팡

체크아웃

- 예정보다 하루 빨리 체크아웃하고 싶습니다.
  我想提前一天退房。
  워 샹 티 치엔 이 티엔 투이 팡

- 체크아웃을 1시간 연장하고 싶습니다.
  我想过一个小时以后退房。
  워 샹 꾸오 이 거 시아오 스 이 허우 투이 팡

- 아마도 늦게 체크아웃할 겁니다.
  可能会晚一点退房。
  커 넝 회이 완 이 디엔 투이 팡

- 하루 더 연장하고 싶은데요.
  我想在延长一天。
  워 샹 짜이 앤 창 이 티엔

- 며칠 더 숙박하고 싶습니다.
  我想多住几天。
  워 샹 뚜오 쭈 지 티엔

▲ 교원반점

- 하루 일찍 나가고 싶습니다.

  我想提前一天离开。

  워 샹 티 치엔 이 티엔 리 카이

계산하기

- 이 카드를 써도 됩니까?

  可以用这个卡吗?

  커 이 용 쩌 거 카 마

- 계산서를 합산해 주시겠어요?

  请把帐单合算一下可以吗?

  칭 바 짱 딴 허 쫜 이 샤 커 이 마

- 영수증을 주세요.

  请给个发票。

  칭 게이 거 파 피아오

- 어떤 카드를 받습니까?

  收什么卡?

  쇼우 션 머 카

- 즐겁게 보냈습니다.

  我过得很愉快。

  워 꾸오 더 헌 위 콰이

- 현금으로 지불하겠습니다.

  我用现金支付。

  워 용 시엔 찐 쯔 푸

 **계산 착오**

- 청구서가 틀린 것 같군요.

  帐单好像出错了。
  짱 딴 하오 샹 추 추오 러

- 총액수가 안 맞는 것 같은데요.

  总数好像不对。
  종 슈 하오 샹 부 뚜이

- 조금 많이 나온 것 같군요.

  好像多了一点。
  하오 샹 뚜오 러 이 디엔

- 저는 룸서비스를 이용하지 않았는데, 청구서에 나와 있습니다.

  我没要房间服务，但帐单上有。
  워 메이 야오 팡 찌엔 푸 우, 딴 짱 딴 샹 여우

- 이 서비스는 받지 않았는데요.

  我没有受过这个服务。
  워 메이 여우 쇼우 꾸오 쩌 거 푸 우

- 나는 그것을 주문하지 않았어요.

  我没有点那个。
  워 메이 여우 디엔 나 거

- 이 추가 요금은 뭔가요?

  这是什么附加费？
  쩌 쓰 션 머 푸 찌아 페이

짐

- 포터를 불러주세요.
  请给我叫行李员。
  칭 게이 워 찌아오 싱 리 위엔

- 방에 가방을 두고 온 것 같아요.
  我好像把包落在房间里了。
  워 하오 샹 바 빠오 라 짜이 팡 찌엔 리 러

- 제 가방을 2시까지 맡아주십시오.
  请把我的包保管到2点。
  칭 바 워 더 빠오 바오 관 따오 량 디엔

- 제 짐을 택시까지 들어주시겠어요?
  把我的包拿到出租车上，好吗？
  바 워 더 빠오 나 따오 추 쭈 처 샹, 하오 마

- 택시를 불러주세요.
  请帮我叫出租车。
  칭 빵 워 찌아오 추 쭈 처

 어휘

체크아웃	退房	투이 팡
계산하다	结帐	지에 짱
연장하다	延长	얜 창
불편하다	不方便	뿌 팡 비엔
계산서	帐单	짱 딴

실용회화 Dialogue

투숙객	체크아웃을 부탁합니다. 我想退房。 워 샹 투이 팡
직 원	방 번호를 알려주세요. 请告诉我房间号码。 칭 까오 쑤 워 팡 찌엔 하오 마

투숙객	1박 더 하고 싶은데요. 我想多住一天。 워 샹 뚜오 쭈 이 티엔
직 원	알겠습니다, 즐겁게 보내십시오. 好的，祝您过得愉快。 하오 더, 쭈 닌 꾸오 더 위 콰이

투숙객	여행자 수표도 됩니까? 旅行支票也可以吗? 뤼 싱 쯔 피아오 이에 커 이 마
직 원	네, 여기 사인하세요. 是的，请在这儿签字。 쓰 더, 칭 짜이 쩔 치엔 쯔

중국 호텔

호텔 체크인

- 일반적으로 14:00 이후에는 체크인이 가능하다. 체크인할 때는 여권을 보여주고 체크인 카드에 필요한 것을 기재한 후 제시한다.
- 낮은 등급일 경우 각 층마다 안내원이 있어 문을 열어 주므로 특별한 열쇠가 없다.
- 간혹 '야진'이라 하여 보증금을 받기도 한다(체크아웃시 환불해준다).
- 호텔 안에서 커피와 서비스를 받고 체크아웃할 때 정산하기도 하는데, 보증금을 요구하는 경우도 간혹 있다.

체크아웃

- 기본적으로 12:00이다. 프론트에서 체크아웃하겠다는 의사 표시를 하면 1차적으로 방을 체크한 후에 지불하면 된다.

호텔 예약

- 한국에서 호텔 예약하는 방법
  한국 여행사를 통하여 예약한다. 항공권을 구매하는 곳에서 보통 예약을 대행하여 주기도 하며, 보통 3성급 이상이어야만 가능하다.

- 현지 여행사를 통하여 예약
  현지에서 여행사를 통하여 예약할 경우도 수수료를 받기 때문에 그리 큰 차이는 없다.

숙박

❻ 유스호스텔

유스호스텔로 가는 길 좀 알려주세요.
请告诉我到青年招待所的路。
칭 까오 쑤 워 따오 칭 니엔 짜오 따이 쉬 더 루

가는 길

- 공항에서 전화하는데요, 어떻게 가는지 알려주시겠어요?
  我在机场打电话，请告诉我怎么走?
  워 짜이 찌 창 다 띠엔 화, 칭 까오 쑤 워 전 머 저우

- 몇 번 버스를 타야 합니까?
  要坐几路车?
  야오 쭈오 지 루 처

- 걸어서 얼마나 걸립니까?
  走着去，多长时间?
  저우 저 취, 뚜오 창 스 지엔

- 오늘밤 6시까지 도착할 예정입니다.
  预计今天晚上六点到。
  위 찌 찐 티엔 완 샹 리우 디엔 따오

- 늦지 않겠습니다.
  我不会晚的。
  워 부 회이 완 더

- 체크인이 끝나는 시간은 몇 시입니까?
  结束登记的时间是几点?
  지에 쑤 떵 찌 더 스 지에 쓰 지 디엔

체류

- 여기서 오늘 밤 묵을 수 있나요?

    可以在这儿住一晚吗?
    커 이 짜이 쩔 쭈 이 완 마

- 하루에 얼마인가요?

    一天多少钱?
    이 티엔 뚜오 샤오 치엔

- 몇 일 묵으면 할인이 안 되나요?

    住几天的话, 不给打折吗?
    쭈 지 티엔 더 화, 뿌 게이 다 저 마

- 아침식사는 얼마입니까?

    早餐多少钱?
    자오 찬 뚜오 샤오 치엔

- 하루 더 묵고 싶습니다.

    我想多住一天。
    워 샹 뚜오 쭈 이 티엔

- 회원은 할인됩니까?

    会员可以打折吗?
    회이 위엔 커 이 다 저 마

- 주의할 사항이 있습니까?

    有没有注意事项?
    여우 메이 여우 쭈 이 쓰 시앙

숙박

시설 이용

- 락카는 어디에 있습니까?

    小橱柜在哪儿?

    시아오 추 꾸이 짜이 날

- 시트를 새로 얻을 수 있을까요?

    可以弄一个新床单吗?

    커 이 농 이 거 신 추앙 딴 마

- 취사할 수 있나요?

    可以做饭吗?

    커 이 쭈오 판 마

- 오늘 밤 이용할 침대가 있습니까?

    有没有今天晚上能用的床?

    여우 메이 여우 찐 티엔 완 샹 넝 용 더 추앙

- 세탁기가 있나요?

    有洗衣机吗?

    여우 시 이 찌 마

- 담요 한 장이 더 필요합니다.

    我还需要一张毯子。

    워 하이 쉬 야오 이 짱 탄 즈

- 근처에 수퍼마켓이 있나요?

    附近有超市吗?

    푸 찐 여우 챠오 스 마

- 샤워기는 언제 사용할 수 있나요?

    淋浴器什么时候可以用?

    린 위 치 션 머 스 허우 커 이 용

실용회화
Dialogue

직 원	회원증이 있으십니까? 有会员卡吗? 여우 회이 위엔 카 마
여행자	없습니다. 没有。 메이 여우

여행자	냄비를 좀 빌려주시겠습니까? 能不能借个锅? 넝 뿌 넝 찌에 거 꿔
직 원	네, 여기 있습니다. 好的，给你。 하오 더, 게이 니

여행자	주의사항이 있나요? 有注意事项吗? 여우 쭈 이 쓰 시앙 마
직 원	방에서 떠들지 마세요. 请不要在房间里吵闹。 칭 뿌 야오 짜이 팡 찌엔 리 차오 나오

숙박

명소·볼거리

● 이화원 (颐和园 ; 이허위엔)

시내 중심에서 약 20㎞ 떨어진 곳에 위치한 이화원은 원래 황제의 개인 정원 중 하나였다. 원래 가장 크고 수려했던 황제의 개인 정원은 이화원 옆의 원명원이었는데, 프랑스 군대의 침입으로 소실되어, 그 이후로도 교훈적인 이유로 복원하지 않고 있다.

서태후가 정권을 잡고, 여자는 금조(金朝) 이래 역대 황제의 원림으로 청나라 때 별궁으로 쓰였고, 만수산(万寿山)을 배경으로 넓은 곤명호(昆明湖)가 있는데, 이 호수는 사람이 힘으로 만든 것으로 유명하다. 이때 호수를 파고 난 후, 그 흙을 쌓아 만든 것이 이화원 내에 있는 만수산으로, 오르기가 쉽지 않을 만큼 그 높이가 만만치 않다.

또한 곤명호를 따라 길게 늘어선 회랑이 유명하며, 여기에 쓰인 대들보는 12,000여 개에 이른다. 그리고 북문으로 나가는 길에 돌로 만든 배가 있는데, 여기서 거의 매일 연회가 열리곤 했다고 전해진다.

▲ 이화원에서

▲ 이화원 통로

식 사

1. 레스토랑 예약과 안내
2. 식사 주문
3. 음식
4. 식탁에서
5. 후식(디저트) 주문
6. 음료 주문
7. 패스트푸드점
8. 계산하기

① 레스토랑 예약과 안내

오늘 저녁 4인석으로 부탁합니다.
请帮我预订一下今天晚上的四人席。
칭 빵 워 위 띵 이 샤 찐 티엔 완 샹 더 쓰 런 시

유용한 표현

- 예약해야 합니까?
  要预订吗？
  야오 위 띵 마

- 전망이 좋은 테이블로 부탁합니다.
  我要前景好的桌子。
  워 야오 치엔 징 하오 더 쭈오 즈

- 금연석으로 주세요.
  请给我禁烟席。
  칭 게이 워 찐 옌 시

- 대략 언제쯤 도착합니까?
  您大概几点到？
  닌 따 까이 지 디엔 따오

- 죄송하지만, 예약시간을 맞출 수 없을 것 같습니다.
  很抱歉，不能按您的预订时间来预订。
  헌 빠오 치엔, 뿌 넝 안 닌 더 위 띵 스 지엔 라이 위 띵

- 예약을 취소하고 싶습니다.

  我想取消预订。

  워 샹 취 시아오 위 띵

- 4인석이 있습니까?

  有没有四人席?

  여우 메이 여우 쓰 런 시

- 8시로 예약한 김민수입니다.

  我是预订为8点的金敏秀。

  워 쓰 위 띵 웨이 빠 디엔 더 찐 민 시우

- 창가에 앉고 싶어요.

  我想坐靠窗的位置。

  워 샹 쭈오 카오 촹 더 웨이 즈

- 어느 정도 기다려야 합니까?

  要等多长时间?

  야오 덩 뚜오 창 스 지엔

식

사

어 휘

· 4인석	四人席	쓰 런 시
· 테이블	桌子	쭈오 즈
· 죄송하다	抱歉	빠오 치엔
· 창가	靠窗	카오 촹

169

여행자	식사 예약을 하고 싶습니다. 我想订餐。 워 샹 띵 찬
예약부	몇 시에 식사하시길 바라십니까? 您想几点用餐? 닌 샹 지 디엔 용 찬
여행자	8시에 하려고 합니다. 8点。 빠 디엔
예약부	좋습니다, 몇 분이십니까? 好的，几位? 하오 더, 지 웨이
여행자	네 명입니다. 四个人。 쓰 거 런
여행자	정장을 해야 합니까? 要穿西服吗? 야오 촨 씨 푸 마
예약부	예, 정장을 하셔야 합니다. 是的，要穿西服。 쓰 더, 야오 촨 씨 푸

명소·볼거리

◆ 만리장성 (万里长城 ; 완리창청)

시의 서북쪽 교외로 약 80㎞ 지점에 위치. 진시황제가 흉노의 침입을 막기 위해 쌓은 것으로, 약 6,350㎞에 이르는 성벽이다. 높이 7~8m, 폭 5.8~6.5m의 팔달령(八达岭, 빠다링)은 해발 1,000m가 넘고 그 경관이 대단히 웅장하다. 북경하면 제일 먼저 떠오르는 유명 관광지로 알려져 있다.

만리장성은 엄청나게 긴 거리에 걸쳐 있으며, 현재는 북경 주변의 4군데와 발해만 근처의 산해관 정도만이 찾아가 볼 수 있다고 한다. 원래는 우리가 알고 있는 벽돌장성만이 아닌, 군데군데 흙장성과 나무장성이 있었지만, 지금은 벽돌장성만이 남아 있고, 흙장성과 나무장성은 모두 없어지거나 흔적만 남았다고 한다. 가장 많은 사람들이 보러 가는 곳이 바로 '팔달령장성(八达岭长城, 빠다링창청)'인데, 가장 완벽한 모습으로 보존되어 있고, 다른 곳에 비해 찾기 쉽다는 것이 많은 사람들이 찾는 이유이다.

흔히 알고 있는 것처럼 장성은 진시황이 만든 것은 아니고, 진시황이 최초로 중국을 통일한 후에, 그 이전에 존재했던 각국의 국경선들을 연결해서 북쪽 이민족이 쳐들어오는 것을 막았다고 한다. 진시황 이후에도 장성에 대한 증축과 개축이 진행되어 최근에 완성된 장성은 명나라 때의 것이라고 전해진다.

▲ 만리장성

❷ 식사 주문

> 저것과 같은 것을 주세요.
> **给我跟那个一样的。**
> 게이 워 껀 나 거 이 양 더

유용한 표현

- 추천 요리는 뭡니까?
  拿手菜是什么?
  나 쇼우 차이 쓰 션 머

- 메뉴를 주세요.
  请给我菜谱。
  칭 게이 워 차이 푸

- 주문해도 됩니까?
  可以点菜吗?
  커 이 디엔 차이 마

- (손으로 가리키며) 이것과 저것을 주세요.
  给我这个和那个。
  게이 워 쩌 거 허 나 거

- 여기 주문 받으세요.
  请给我点菜。
  칭 게이 워 디엔 차이

- 스페셜 요리는 무엇입니까?
  特色菜是什么?
  터 써 차이 쓰 션 머

- 시간이 더 필요합니다.
  还需要点时间。
  하이 쉬 야오 디엔 스 지엔

- 같은 걸로 주십시오.
  要一样的。
  야오 이 양 더

- 육류로 드시겠습니까, 해산물로 드시겠습니까?
  肉类还是海鲜?
  로우 레이 하이 쓰 하이 시엔

- 주문을 변경해도 됩니까?
  可以重新点吗?
  커 이 충 신 디엔 마

- 세트메뉴가 있습니까?
  有套菜吗?
  여우 타오 차이 마

- 실례합니다, 드시고 계시는 요리는 무엇입니까?
  请问，您吃的是什么菜?
  칭 원, 닌 츠 더 쓰 션 머 차이

식

사

 어 휘

· 추천 요리	拿手菜	나 쇼우 차이
· 메뉴	菜谱	차이 푸
· 스페셜 요리	特色菜	터 써 차이
· 세트메뉴	套菜	타오 차이

실용회화
Dialogue

여행자	메뉴를 보고 싶은데요. 我想看菜谱。 워 샹 칸 차이 푸
웨이터	메뉴 여기 있습니다. 这是菜谱。 쩌 쓰 차이 푸

여행자	야채스프와 스테이크를 주세요. 请给菜汤和牛排。 칭 게이 차이 탕 허 니우 파이
웨이터	야채는 무엇을 드시겠습니까? 需要什么蔬菜呢? 쉬 야오 션 머 쑤 차이 너

여행자	감자튀김을 주세요, 그리고 맥주 한 병이요. 给我炸署条，还有一瓶啤酒。 게이 워 자 수 티아오, 하이 여우 이 핑 피 지우
웨이터	알겠습니다, 손님. 知道了，客人。 쯔 따오 러, 커 런

중국요리

전채 → 주요리 → 후식

전채 : 전채로는 냉채를 많이 내는데, 식사를 하기 전에 술을 함께 곁들이면 좋다. 냉채라고 해서 반드시 차게 해서 내놓으란 법은 없다. 조리하자마자 뜨거울 때 테이블에 올라온 경우도 있다. 찬 요리 2가지와 뜨거운 요리 2가지를 내는 것이 보통이다. 냉채를 몇 종류 배합시켜 담아 내놓는 요리를 병반이라고 하는데, 접시에 담은 모양이나 맛의 배합에 세심한 신경을 써서 식욕을 돋우게 한다.

주요리 : 주요리와 탕, 튀김, 볶음, 유채 등의 순서로 나오는 것이 일반적이나 순서 없이 나오기도 한다. 대규모의 연회에서는 찜, 삶은 요리 등이 추가된다. 흔히 중국요리는 처음부터 많이 먹으면 나중에 진짜로 맛있는 요리를 못먹는다고 말하는 것은 정식 코스에서 기름진 음식이 나오기 때문이다. 또한 우리 나라의 국이나 서양의 스프에 해당하는 탕채는 전채가 끝나고 주요리에 들어가기 전에 입 안을 깨끗이 가시고 주요리의 식욕을 돋우게 한다는 의미로 나오는 요리이다. 주요리의 중간이나 끝 무렵에 내는 경우도 있는데, 처음에는 걸쭉하거나 국물기가 많은 조림 등을 내며 끝에는 국물이 많은 요리를 낸다.

후식 : 코스의 마지막을 장식하는 요리이다. 앞에서 먹었던 요리의 뒷맛을 없애고, 단맛으로 입 안을 가시라는 의미가 있다. 보통 복숭아 조림, 중국 약식, 사과 탕 등 산뜻한 음식이 쓰인다. 단 음식이 나오면 일단 코스가 끝났다고 보아야 한다. 코스 중간 이후에 나오는 딤섬도 후식의 일종이다. 단 음식의 다음으로 빵이나 면을 들면서 식사를 끝내기도 한다.

식사

❸ 음식

정말 맛있네요.
真得很好吃。
쩐 더 헌 하오 츠

유용한 표현

- 잘 안 익었는데요.
  没怎么熟。
  메이 전 머 쇼우

- 주문한 음식이 아직 안 나왔어요.
  点的菜还没出来。
  디엔 더 차이 하이 메이 추 라이

- 다시 가져가시겠어요?
  重新拿走，好吗?
  총 신 나 저우, 하오 마

- 싱겁군요.
  有点淡。
  여우 디엔 딴

- 맛이 이상한데요.
  味儿有点怪。
  월 여우 디엔 꽈이

- 남은 음식을 포장해 주시겠어요?

  能不能把剩菜打包一下?
  넝 뿌넝 바 셩 차이 다 빠오 이 샤

- 이것은 신선하지 않아요.

  这个不新鲜。
  쩌 거 뿌 신 시엔

- 내가 좋아하는 맛이 아니에요.

  不是我喜欢的味道。
  부 쓰 워 시 환 더 웨이 따오

- 이것은 제가 주문한 것이 아닙니다.

  这不是我点的。
  쩌 부 쓰 워 디엔 더

식사

 어휘

· 익다	熟	쇼우
· 싱겁다	淡	딴
· 맛	味儿	월
· 포장	打包	다 빠오
· 신선하다	新鲜	신 시엔

177

실용회화
Dialogue

투숙객	음식에 머리카락이 들어 있어요. 饭菜里有头发。 판 차이 리 여우 터우 파
웨이터	정말 죄송합니다. 새것으로 다시 가져다 드리겠습니다. 很抱歉。给您拿新的。 헌 빠오 치엔 게이 닌 나 신 더
투숙객	이 고기는 충분히 익지 않았어요. 这肉不太熟。 쩌 로우 부 타이 쇼우
웨이터	충분히 익혀달라고 하셨던가요? 您要求完全熟吗? 닌 야오 치우 완 츄엔 쇼우 마

테이블 세팅 Table Setting

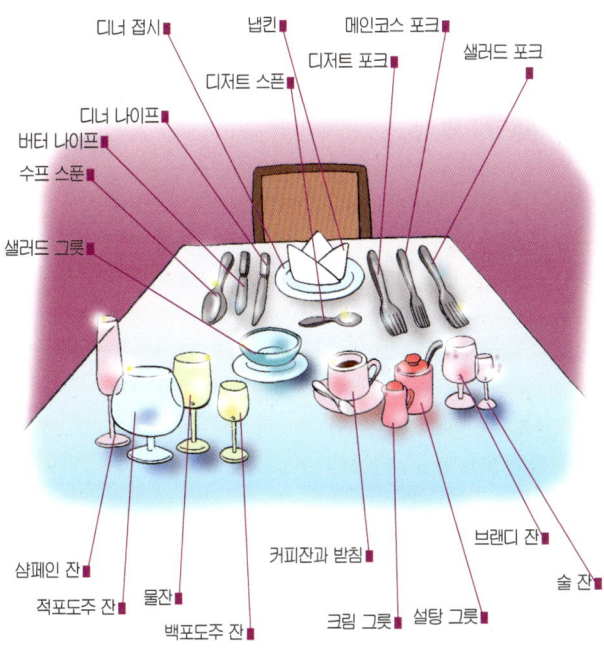

식사

❹ 식탁에서

소금 좀 건네주세요.
请把盐递给我。
칭 바 앤 띠 게이 워

 유용한 표현

- 빵을 더 주세요.
  再给我一点面包。
  짜이 게이 워 이 디엔 미엔 빠오

- 담배를 피워도 되겠습니까?
  可以抽烟吗?
  커이 초우 옌 마

- 소금 다 쓰면 나한테 줄래요?
  用晚盐以后, 给我好吗?
  용 완 앤 이 허우, 게이 워 하오 마

- 포크를 새로 가져다 주시겠어요?
  请重新给我拿叉子, 好吗?
  칭 총 신 게이 워 나 차 즈, 하오 마

- 접시 한 개 더 주시겠습니까?
  再拿一个碟子, 好吗?
  짜이 나 이 거 디에 즈, 하오 마

- 이것을 식탁 위에서 치워주시겠습니까?
  把这个从桌子上收拾一下，好吗?
  바 쩌 거 충 쭈오 즈 샹 쇼우 스 이 샤, 하오 마

- 죄송합니다, 컵을 깼습니다.
  对不起，我打碎了杯子。
  뚜이 뿌 치, 워 다 쑤이 러 뻬이 즈

- 수저와 젓가락을 떨어뜨렸습니다.
  我把勺子和筷子弄掉了。
  워 바 사오 즈 허 콰이 즈 농 띠아오 러

- 리필해 주십시오.
  请给我再加一点。
  칭 게이 워 짜이 찌아 이 디엔

- 테이블 좀 치워주시겠어요?
  请给我收拾一下桌子，好吗?
  칭 게이 워 쇼우 스 이 샤 쭈오 즈, 하오 마

- 재떨이를 주세요.
  请给我烟灰缸。
  칭 게이 워 옌 후이 깡

- 남은 것을 포장해 주시겠어요?
  剩下的给我打包，好吗?
  셩 시아 더 게이 워 다 빠오, 하오 마

식

사

❺ 후식(디저트) 주문

디저트로는 무엇이 있습니까?
有什么甜食？
여우 션 머 티엔 스

유용한 표현

- 디저트로 애플파이를 주세요.
  甜食，我要苹果派。
  티엔 스, 워 야오 핑 궈 파이

- 아이스크림과 과일이 있습니다.
  有冰激凌和水果。
  여우 삥 찌 링 허 수이 궈

- 디저트로 뭘 드시겠습니까?
  您要什么甜食？
  닌 야오 션 머 티엔 스

- 지금 디저트를 주문하시겠습니까?
  现在要点甜食吗？
  시엔 짜이 야오 디엔 티엔 스 마

- 식사에 디저트가 포함되어 있나요?
  晚餐包括甜食吗？
  완 찬 빠오 쿼 티엔 스 마

- 디저트는 생략하겠습니다.

  甜食就省了吧。
  티엔 스 찌우 성 러 바

- 배가 불러서 디저트는 못 먹을 것 같아요.

  肚子太饱了，吃不了甜食。
  뚜 즈 타이 바오 러, 츠 뿌 랴오 티엔 스

- 치즈 좀 더 주시겠어요?

  请再给一点奶酪，好吗？
  칭 짜이 게이 이 디엔 나이 라오, 하오 마

어휘

· 디저트	甜食	티엔 스
· 아이스크림	冰激凌	삥 찌 링
· 과일	水果	수이 궈
· 치즈	奶酪	나이 라오

식사

6 음료 주문

음료수는 무엇이 있습니까?
有什么饮料?
여우 션 머 인 랴오

유용한 표현

- 식사 전에 마실 만한 것 없나요?
  有没有餐前可以喝的东西?
  여우 메이 어우 찬 치엔 커 이 허 더 똥 시

- 와인 리스트를 보여주세요.
  请给我看葡萄酒目录。
  칭 게이 워 칸 푸 타오 지우 무 루

- 백포도주 한 잔 부탁드립니다.
  我要一杯白葡萄酒。
  워 야오 이 뻬이 바이 푸 타오 지우

- 칵테일에는 어떤 종류가 있나요?
  有什么鸡尾酒?
  여우 션 머 찌 웨이 지우

- 식전(식후)에 커피를 마시고 싶은데요.
  餐前(餐后)想喝咖啡。
  찬 치엔 (찬 허우) 샹 허 카 페이

- 우유 좀 데워주세요.
  给我加热牛奶。
  게이 워 찌아 러 니우 나이

- 커피 좀 더 마실 수 있을까요?
  可以再要一点咖啡吗?
  커 이 짜이 야오 이 디엔 카 페이 마

- 물 좀 더 주세요.
  再给一点儿水。
  짜이 게이 이 디알 수이

- 콜라를 리필해 주시겠어요?
  加点可乐, 好吗?
  찌아 디엔 커 러, 하오 마

- 무엇을 마시겠습니까?
  您要喝点什么?
  닌 야오 허 디엔 션 머

- 커피 좀 더 드시겠어요?
  还要一点咖啡吗?
  하이 야오 이 디엔 카 페이 마

식
사

요리 관련어

게	螃蟹	팡 시에
닭고기	鸡肉	찌 로우
돼지고기	猪肉	쭈 로우
맑은 수프	清汤	칭 탕
바다가재	龙虾	롱 시아
빵	面包	미엔 빠오
샐러드	沙拉	샤 라
생선	海鲜	하이 시엔
쇠고기	牛肉	니우 로우
수프	汤	탕
스테이크	牛排	니우 파이
식전술	开胃酒	카이 웨이 지우
양고기	羊肉	양 로우
일품요리	高级菜	까오 지 차이
전채요리	开胃菜	카이 웨이 차이
주요리	主菜	주 차이
진한 수프	浓汤	농 탕
콘프레이크	玉米片	위 미 피엔
해물요리	海鲜	하이 시엔

🅣 🅘 🅟

1. 차의 종류

발효 정도에 따라 불발효, 반발효, 완전발효로 구분한다. 불발효는 녹차가 대표적이며, 전차, 녹차, 용경차(龙井茶, 롱징차)가 있다. 반발효는 오룡차(乌龙茶, 우롱차)가 대표적이며, 포종차, 철관음차, 자스민차, 천로차, 보이차 등이 있다. 완전발효는 홍차가 있다.

2. 차 마시는 방법

찻잔을 오른손으로 감싸고 바른 자세로 왼손으로는 잔의 밑부분을 받쳐 들고, 소리를 내지 않으며 맛을 음미하며 향을 음미하고 조용히 마신다. 주전자가 함께 탁자에 놓여있는 경우는 주전자 손잡이를 오른손으로 잡고 왼손으로 뚜껑을 누르면서 조용히 따른다. 차를 더 원할 경우 주전자에 차가 없으면 뚜껑을 열어 놓든지 뚜껑을 뒤집어 놓으면 종업원이 보충해 준다. 또한 음식 맛을 볼 경우 차를 한 모금 마시면 입속의 음식 향과 맛을 제거해 주므로 중국 음식의 진가를 맛볼 수 있다.

레스토랑 관련어

메뉴	菜谱	차이 푸
식당	餐厅	찬 팅
식사	用餐	용 찬
주문	点菜	디엔 차이
아침식사	早餐	자오 찬
점심식사	午餐	우 찬
저녁식사	晚餐	완 찬
양식	西式	시 쓰
중국요리	中餐	쭝 찬
토속음식	风味菜	풍 웨이 차이

식사

❼ 패스트푸드점

햄버거와 콜라를 주세요.
请给我汉堡包和可乐。
칭 게이 워 한 바오 바오 허 커 러

유용한 표현

- B세트 하나 주세요.
  请给我一个B套餐。
  칭 게이 워 이 거 삐 타오 찬

- 감자튀김 있나요?
  有炸署条吗?
  여우 자 수 티아오 마

- 여기서 먹을 거에요.
  在这儿吃。
  짜이 쩔 츠

- 빨대가 없네요.
  没有吸管。
  메이 여우 시 관

- 앉을 곳이 있나요?
  有没有坐的地方?
  여우 메이 여우 쭈오 더 띠 팡

- 콜라에 얼음을 더 넣어주시겠어요?

  可乐里再加一点冰块，好吗？
  커 러 리 짜이 찌아 이 디엔 삥 콰이, 하오 마

- 음료수에서 얼음은 빼 주세요.

  饮料，不要加冰。
  인 랴오, 부 야오 찌아 삥

- 빅맥 햄버거하고 콜라 큰 것으로 하나 주세요.

  巨无霸和一个大瓶可乐。
  쮜 우 빠 허 이 거 따 핑 커 러

- 토핑은 뭘로 하시겠습니까?

  在上面放什么呢？
  짜이 샹 미엔 팡 션 머 너

- 가지고 가게 싸 주세요.

  请给我打包。
  칭 게이 워 다 빠오

- 감자튀김을 하나 추가해 주세요.

  再加一个炸薯条。
  짜이 찌아 이 거 자 수 티아오

식

사

어 휘

· 햄버거	汉堡包	한 바오 바오
· 감자튀김	炸薯条	자 수 티아오
· 빨대	吸管	시 관
· 빅맥 햄버거	巨无霸	쮜 우 빠

실용회화
Dialogue

종업원 더 주문하실 것 없나요?
还要别的吗?
하이 야오 비에 더 마

손 님 그게 다입니다.
就要这些。
찌우 야오 쩌 시에

종업원 가지고 가실 건가요? 여기서 드실 건가요?
要打包，还是在这儿吃?
야오 다 빠오, 하이 쓰 짜이 쩔 츠

손 님 가져 갈 거에요. / 여기서 먹을 거에요.
要打包。 / 在这儿吃。
야오 다 빠오 / 짜이 쩔 츠

명소·볼거리

● 고궁 (故宮 ; 꾸궁)

고궁은 명·청 시대에 황제가 살았던 곳으로, 중국에서 가장 규모가 큰 궁전이다. 영화 '마지막 황제'의 역사적 배경이 된 곳이기도 하다. 고궁 안에는 9천 9백 99칸의 방이 있다. 궁전 벽 네 개의 모서리에는 구조와 형태가 특이한 누각이 있는데, 그 주변에 호성하(성을 지키는 호수)가 있어, 성보(城堡) 역할을 한다.

고궁의 건축 기와는 모두 노란 유리로 만들어져 있어, 찬란한 금빛을 발한다. 명왕조 때 축조된 이후 명·청대 왕조가 이 곳에서 최후의 날을 맞이하였으며, 그 밖에도 수많은 역사적 현장들을 간직하고 있다. 지금은 '고궁박물원'이라는 현판을 달고 세계 각국에서 몰려오는 관광객들을 맞이하고 있다.

▲ 고궁(지금의 자금성)

⑧ 계산하기

거스름돈은 가지세요.
零钱不要找了。
링 치엔 부 야오 자오 러

유용한 표현

- 잘 먹었습니다.
  吃好了。
  츠 하오 러

- 선불입니까?
  先付吗?
  시엔 푸 마

- 계산을 해 주세요.
  结帐。
  지에 쨩

- 여행자수표나 신용카드를 받습니까?
  收旅游支票或信用卡吗?
  쇼우 뤼 여우 쯔 피아오 훠 신 용 카 마

- 계산서는 봉사료가 포함된 건가요?
  帐单里包括服务费吗?
  쨩 딴 리 빠오 쿼 푸 우 페이 마

- 각자 냅시다.
  各拿各的吧。
  꺼 나 꺼 더 바

- 제가 내겠습니다.
  我请客。
  워 칭 커

- 거스름 돈이 틀려요.
  找错零钱了。
  자오 추오 링 치엔 러

- 영수증 좀 주세요.
  请给我收据。
  칭 게이 워 쇼우 쮜

- 비자 카드를 사용할 수 있습니까?
  可以用VISA卡吗?
  커 이 융 위이 싸 카 마

- 계산은 따로따로 부탁합니다.
  我们各拿各的。
  워 먼 꺼 나 꺼 더

- 계산이 틀린 것 같은데요.
  帐好像结错了。
  짱 하오 샹 지에 추오 러

식
사

 어 휘

· 거스름돈	零钱	링 치엔
· 선불	先付	시엔 푸
· 여행자 수표	旅游支票	뤼 여우 쯔 피아오
· 영수증	收据	쇼우 쮜

193

명소·볼거리

◯ 향산공원 (香山公园 ; 시앙산꽁위엔)

북경 서북쪽 교외에 위치한 160만㎡의 공원으로, 원내 최고봉인 향로봉에서 "香山"이라는 이름이 붙었다. 역대 황제들이 수렵을 즐기던 곳으로, 가을 단풍이 좋은 10월 중순~11월 상순에 관광객들이 많이 찾는 코스이다. 향산공원의 북쪽 입구와 가까운 벽운사(碧云寺)는 元代인 1331년에 창건된 후 明清기에 수차례 증축되어 현재의 규모가 되었다. 경내에 있는 나한당(罗汉堂)에는 500개의 나한상이 있는데, 같은 표정을 한 것은 하나도 없다. 또한 절의 중심에 있는 보살전(菩萨殿)에는 손중산기념관(孙中山记念馆)이 있는데 러시아로부터 선물 받은 수정관 등이 전시되어 있다.

◯ 북해공원 (北海公园 ; 베이하이꽁위엔)

고궁 서북부에 있는 북해공원은 辽, 金, 元, 明, 清 다섯 왕조의 역대 황제의 궁중 정원이었다. 공원의 총면적은 약 71만㎢로 북해가 절반 이상의 면적을 차지한다. 북해공원은 불노불사(不老不死)와 관련된 전설을 담은 一池三山(연못 하나에 산 셋)이라는 독특한 궁정 양식을 도입했다.

원래는 오랜 황실 원림으로서, 서성구(西城区)에 위치해 있다. 원내는 경도(京都)를 중심으로 화폭을 이루고 있는데 섬에는 고목이 울창하고 그 속에 정자와 누각들이 조화롭게 자리하고 있다. 또한 북해의 북쪽 강가에는 청대에 만들어진 구룡벽(九龙壁 고궁에 있는 것과 大同에 있는 것을 합쳐서 三九龙壁이라고 한다)이 있다.

관광

1. 관광 안내소
2. 여행 자료
3. 길 안내
4. 사진 촬영
5. 미술관·박물관
6. 공연장
7. 영화관
8. 스포츠와 레포츠
9. 술집
10. 디스코장

① 관광 안내소

여기서 예약할 수 있습니까?
在这儿可以预订吗?
짜이 쩔 커 이 위 띵 마

관광 예약

- 여행에 참가하고 싶습니다.
  我想参加旅游。
  워 샹 찬 지아 뤼 여우

- 야간 관광이 있습니까?
  有夜景旅游吗?
  여우 예 징 뤼 여우 마

- 이곳에서 여행 신청을 할 수 있나요?
  在这儿可以申请旅游吗?
  짜이 쩔 커 이 션 칭 뤼 여우 마

- 옵션투어에 참가하고 싶습니다.
  我想参加选择旅游。
  워 샹 찬 지아 슈엔 저 뤼 여우

- 이번 주 토요일로 예약하겠습니다.
  预订这个星期六的。
  위 띵 쩌 거 씽 치 리우 더

- 8월 10일 모닝투어 예약을 부탁합니다.

  我想预订8月10号的早上旅游。

  워 샹 위 띵 빠 위에 스 하오 더 자오 샹 뤼 여우

 시내 관광

- 시내 관광이 있나요?

  有没有市内游?

  여우 메이 여우 스 네이 여우

- 하루 관광이 있습니까?

  有没有一日游?

  여우 메이 여우 이 르 여우

- 어떤 투어가 인기 있습니까?

  什么旅游最热门?

  션 머 뤼 여우 쩨이 러 먼

- 정원은 몇 명인가요?

  有多少人要去?

  여우 뚜오 샤오 런 야오 취

- 어린이 할인 요금이 있습니까?

  有没有儿童优惠价?

  여우 메이 여우 얼 통 여우 후이 찌아

- 어디에서 숙박하나요?

  住哪儿?

  쭈 날

- 언제 출발하나요?
  什么时候出发?
  션 머 스 허우 추 파

가이드

- 가이드가 동행하나요?
  导游一起去吗?
  다오 여우 이 치 취 마

- 관광 가이드를 고용하고 싶습니다.
  我想雇用导游。
  워 샹 꾸 용 다오 여우

- 시내 관광 안내를 부탁합니다.
  请给我市内游服务。
  칭 게이 워 스 네이 여우 푸 우

- 한국인 가이드가 있습니까?
  有没有韩国导游?
  여우 메이 여우 한 궈 다오 여우

- 관광하는 곳을 알려주세요.
  请告诉我旅游地。
  칭 까오 쑤 워 뤼 여우 띠

- 하루에 그곳에 다녀올 수 있습니까?
  可以当天往返吗?
  커 이 땅 티엔 왕 판 마

▲ 향산공원

 **교통편**

- 북경역은 어디입니까?

  北京站在哪儿?

  베이 찡 짠 짜이 날

- 시내는 어떻게 갑니까?

  怎么去市内?

  전 머 취 스 네이

- 버스정류장은 어디입니까?

  汽车站在哪儿?

  치 처 짠 짜이 날

- 교통편은 무엇을 이용합니까?

  坐什么车?

  쭈오 션 머 처

- 몇 시 출발인가요?

  几点出发?

  지 디엔 추 파

- 장성 호텔에서 탈 수 있나요?

  可以在长城宾馆坐吗?

  커 이 짜이 창 청 삔 관 쭈오 마

- 걸어서 갈 수 있습니까?

  可以走着去吗?

  커 이 저우 저 취 마

- 이 지도에 표시를 해 주시겠습니까?

  可以在这个地图上标一下吗?

  커 이 짜이 쩌 거 띠 투 샹 비아오 이 샤 마

관광

여행지 추천

- 좋은 장소를 추천해 주십시오.
 请推荐一个好地方。
 칭 투이 찌엔 이 거 하오 띠 팡

- 재미있는 장소를 추천해 주세요.
 请推荐一下有趣的地方。
 칭 투이 찌엔 이 샤 여우 취 더 띠 팡

- 명소나 유적지가 있나요?
 有没有旅游胜地或古迹?
 여우 메이 여우 뤼 여우 셩 띠 훠 구 찌

- 그곳은 무엇으로 유명합니까?
 那里什么有名?
 나 리 션 머 여우 밍

- 색다른 곳을 가르쳐 주시겠습니까?
 能不能告诉我别有特色的地方?
 넝 뿌 넝 까오 쑤 워 비에 여우 터 써 더 띠 팡

- 이 도시의 구경거리를 추천해 주시겠어요?
 请推荐一下这个城市的景点吗?
 칭 투이 찌엔 이 샤 쪄 거 청 스 더 징 디엔 마

- 교외의 구경거리를 가르쳐 주시겠어요?
 请告诉我郊外的景点好吗?
 칭 까오 쑤 워 찌아오 와이 더 징 디엔 하오 마

여행 일정

- 몇 시 어디에서 기다리면 됩니까?
  几点在哪儿等?
  지 디엔 짜이 날 덩

- 점심 포함입니까?
  包括午餐吗?
  빠오 쿼 우 찬 마

- 이 여행에 대해 자세히 말해 주십시오.
  对这次旅行，请仔细说明一下。
  뛔이 쩌 츠 뤼 싱, 칭 즈 시 슈오 밍 이 샤

- 옵션 관광이 있나요?
  有没有选择性旅游?
  여우 메이 여우 슈엔 저 씽 뤼 여우

- 그곳에 어떻게 가나요?
  怎么去那儿?
  전 머 취 날

- 얼마입니까?
  多少钱?
  뚜오 샤오 치엔

- 시간은 얼마나 걸립니까?
  需要多长时间?
  쉬 야오 뚜오 창 스 지엔

▲ 도연정 공원

❷ 여행 자료

[관광안내 책자를 주십시오.
请给我旅游手册。
칭 게이 워 뤼 여우 쇼우 처]

🗨 유용한 표현

- 무료 시내지도가 있습니까?
  有没有免费的市内地图?
  여우 메이 여우 미엔 페이 더 스 네이 띠 투

- 관광 지도를 얻을 수 있을까요?
  能弄到旅游地图吗?
  넝 농 따오 뤼 여우 띠 투 마

- 번화가의 지도가 있나요?
  有没有市中心的地图?
  여우 메이 여우 스 쭝 신 더 띠 투

- 이 팜플렛 한 권을 가져도 될까요?
  我可以拿这本导游手册吗?
  워 커 이 나 쩌 번 다오 여우 쇼우 처 마

- 버스 노선도가 있습니까?
  有没有汽车路线图?
  여우 메이 여우 치 처 루 시엔 투

- 이 지역의 안내서를 얻고 싶어요.
  我想要这地方的介绍书。
  워 샹 야오 쩌 띠 팡 더 찌에 샤오 슈

- 시내 지도를 주시겠습니까?

  请给我市内地图，好吗？

  칭 게이 워 스 네이 띠 투, 하오 마

- 공공교통 기관의 노선표는 있습니까?

  有没有公交车路线图？

  여우 메이 여우 꽁 찌아오 처 루 시엔 투

- 관광 버스 팜플렛은 있습니까?

  有没有旅游汽车手册？

  여우 메이 여우 뤼 여우 치 처 쇼우 처

여행 지도의 활용법

지역 안내도는 대개 3위엔에서 5위엔 정도면 살 수 있는데, 싼 것과 비싼 것을 함께 파는 경우에는 두 지도를 대조해서 정보가 더 다양한 것을 사면 된다. 지도는 크게 시내 안내도와 인근 여행지 및 도시 안내도, 기타 숙박시설, 교통, 여행지 안내도 등으로 되어 있다.

깜짝센스

관광 및 외출할 때

밖에서는 가이드의 안내에 잘 따르는 것이 여행을 안전하고 즐겁게 하는 좋은 방법이다. 비상시를 대비하여 가이드의 핸드폰 번호나 연락처를 꼭 알아놓는다. 호텔을 떠나 혼자 외출할 때는 호텔 프론트에서 호텔 이름과 주소가 적힌 호텔카드를 반드시 휴대하여 돌아올 때 운전기사에게 제시하면 쉽게 찾아올 수 있다.

❸ 길 안내

여기가 어디입니까?
这是哪儿?
쩌 쓰 날

유용한 표현

- 이 지도에 표시를 해 주세요.
  请在地图上做一下记号。
  칭 짜이 띠 투 상 쭈오 이 샤 씨 하오

- 역으로 가는 길을 가르쳐 주세요.
  请告诉我去火车站的路。
  칭 까오 쑤 워 취 훠 처 짠 더 루

- 여기서 가깝습니까?
  离这儿近吗?
  리 쩔 찐 마

- 이 거리의 이름은 무엇입니까?
  这条街叫什么?
  쩌 티아오 지에 찌아오 션 머

- 이 길이 상해로 가는 길입니까?
  这是去上海的路吗?
  쩌 쓰 취 샹 하이 더 루 마

■ 고궁은 어떻게 가나요?
故宫怎么走?
꾸 꽁 전 머 저우

■ 버스정류장은 어디 있나요?
车站在哪儿?
처 짠 짜이 날

■ 출구(엘리베이터)는 어디 있나요?
出口(电梯)在哪儿?
추 커우 (띠엔 티) 짜이 날

■ 택시로 얼마나 걸리나요?
打的去多长时间?
다 띠 취 뚜오 창 스 지엔

■ 이 지도상에서 저의 위치는 어디인가요?
在这地图上,我的位置在哪儿?
짜이 쩌 띠 투 샹, 워 더 웨이 즈 짜이 날

■ 말씀 좀 묻겠습니다.
请问。
칭 원

■ 길을 잃었어요.
我迷路了。
워 미 루 러

■ 저 건물은 무엇입니까?
那是什么建筑?
나 쓰 션 머 찌엔 쭈

■ 이 길의 이름은 무엇인가요?
这条路叫什么?
쩌 티아오 루 찌아오 션 머

관광

여행자	몇번째 가도를 돌아가나요? 在第几个街口拐? 짜이 띠 지 거 찌에 커우 파이
행 인	2번째 골목에서 오른쪽으로 돌고, 다음 골목에서 왼쪽으로 돌면, 기차역이 보입니다. 在第二个胡同往右拐, 在下一个胡同往左拐, 짜이 띠 얼 거 후 통 왕 여우 파이, 짜이 시아 이 거 후 통 왕 주오 파이, 就可以看到火车站。 찌우 커 이 칸 따오 훠 처 짠
여행자	얼마나 걸리나요? 需要多长时间? 쉬 야오 뚜오 창 스 지엔
행 인	세 시간 걸립니다. 三个小时。 싼 거 시아오 스
여행자	걸어서 어느 정도 걸립니까? 走着去, 多长时间? 저우 저 취, 뚜오 창 스 지엔
행 인	5분 정도 걸립니다. 大概5分钟。 따 까이 우 펀 쭝

관광 관련어

· 유람	游览	여우 란
· 명소	名胜	밍 셩
· 화랑	画廊	화 랑
· 박물관	博物馆	보우 관
· 공원	公园	꽁 위엔
· 식물원	植物园	즈 우 위엔
· 동물원	动物园	똥 우 위엔
· 수족관	水族馆	수이 주 관
· 연중행사	年中庆典	니엔 쭝 칭 디엔
· 유원지	游览地	여우 란 띠
· 전시장	展览会	잔 란 회이
· 축제	庆典	칭 디엔

❹ 사진 촬영

사진을 찍어도 되나요?
可以拍照吗?
커 이 파이 짜오 마

유용한 표현

- 당신의 사진을 찍어도 될까요?

  我可以拍你吗?

  워 커 이 파이 니 마

- 저랑 포즈 좀 취해 주실래요?

  可以跟我摆个姿势吗?

  커 이 껀 워 바이 거 즈 쓰 마

- 죄송하지만, 셔터를 눌러 주시겠습니까?

  对不起，按一下快门好吗?

  뚜이 뿌 치, 안 이 샤 콰이 먼 하오 마

- 버튼을 누르기만 하면 됩니다.

  按一下按钮就可以。

  안 이 샤 안 니우 찌우 커 이

- 빨간불이 들어오면, 버튼을 누르세요.

  红灯亮的话，请按一下钮。

  홍 떵 량 더 화, 칭 안 이 샤 니우

- 한 장 더 부탁합니다.
  请再照一张。
  칭 짜이 짜오 이 짱

- 여기에 서 주세요.
  请站这儿。
  칭 짠 쩔

- 플래시를 사용할 수 있습니까?
  可以用闪光灯吗?
  커이 용 샨 꽝 떵 마

- 배터리를 파는 곳은 어디입니까?
  电池在哪儿卖?
  띠엔 츠 짜이 날 마이

- 사진을 보내 드리겠습니다.
  我会把照片寄给您。
  워 회이 바 짜오 피엔 찌 게이 닌

- 여기에 주소를 적어주시겠어요?
  请在这儿写一下地址，好吗?
  칭 짜이 쩔 시에 이 샤 띠 즈 하오 마

- 치즈 하세요!
  说"茄子"!
  슈오 치에 즈

관광

깜짝센스

촬영 금지 구역

박물관, 유적지, 절 등에서 사진 촬영은 플래쉬로 인한 유물 손상 때문에 엄격히 금지하고 있으므로 주의한다.

공항, 군사, 항만, 일부 교량, 기차역, 비행기 안에서 창밖을 찍는 것 등은 금지되어 있지만, 공항 안에서 비행기를 배경으로 한 사진 정도는 제지하지 않는다. 사진을 찍고 싶을 경우는 일단 허락을 구하는 것이 가장 안전한 행동이다.

사진 관련어

· 현상	洗像	시 샹
· 인화	洗印	시 인

· 컬러 필름	彩色胶卷	차이 써 찌아오 쥬엔
· 슬라이드 필름	幻灯胶卷	환 떵 찌아오 쥬엔
· 흑백필름	黑白胶卷	헤이 바이 찌아오 쥬엔

· 건전지	电池	띠엔 츠
· 사진 촬영 금지	禁止拍照	찐 즈 파이 짜오
· 플래쉬 금지	禁止用闪光灯	찐 즈 용 샨 꽝 떵

명소·볼거리

◯ 명 13릉 (明十三陵 ; 밍스싼링)

북경 북쪽 창평현(昌平县, 창핑쎈)내에 위치해 있으며 시내 중심에서 약 50㎞ 떨어져 있다. 명나라가 북경으로 수도를 옮긴 후 13개 황제의 묘가 있다. 이 곳은 삼면이 산으로 둘러싸여 산세가 웅위롭고 기백이 넘친다.

현재 개방된 곳은 단 두 곳, 장릉(长陵, 챵링)과 정릉(定陵, 딩링)이다. 장릉은 십삼릉 가운데서 유일하게 완전히 발굴된 묘이다. 관광객들은 여기에서 지하궁전과 지하문물들을 관람할 수 있다.

▲ 명 13릉

❺ 미술관·박물관

입장료는 얼마입니까?
门票多少钱?
먼 피아오 뚜오 샤오 치엔

유용한 표현

- 표는 어디에서 살 수 있습니까?
  在哪儿可以买到票?
  짜이 날 커 이 마이 따오 피아오

▲ 루쉰 박물관

- 단체 할인이 됩니까?
  团体可以打折吗?
  투안 티 커 이 다 저 마

- 가이드가 있나요?
  有导游吗?
  여우 다오 여우 마

- 출구는 어디입니까?
  出口在哪儿?
  추 커우 짜이 날

- 입장해도 됩니까?
  可以进去吗?
  커이 찐 취 마

- 재입장이 가능합니까?

  可以重新入场吗?
  커 이 총 신 루 창 마

- 짐은 가지고 들어갈 수 없습니다.

  行李不可以拿进去。
  싱 리 뿌 커 이 나 찐 취

- 한국어로 된 안내문이 있습니까?

  有没有韩语版的导游手册?
  여우 메이 여우 한 위 반 더 다오 여우 쇼우 처

- 이 카드로 싸게 됩니까?

  用这个卡可以便宜点吗?
  융 쩌 거 카 커 이 피엔 이 디엔 마

- 몇 시에 문을 닫습니까?

  几点关门?
  지 디엔 꾸안 먼

- 박물관 휴관일은 언제입니까?

  博物馆什么时候休馆?
  보 우 관 션 머 스 허우 시우 관

- 몇 시에 개관하고, 몇 시에 폐관합니까?

  几点开馆, 几点闭馆?
  지 디엔 카이 관, 지 디엔 삐 관

관광

여행자	성인표 두 장 주세요. 请给两张成人票。 칭 게이 량 짱 청 런 피아오
직 원	20위엔입니다. 20元。 얼 스 위엔
여행자	가이드 있는 관람은 언제 시작합니까? 有解说员的参观是从几点开始? 여우 지에 슈오 위엔 더 찬 꾸안 쓰 총 지 디엔 카이 스
직 원	11시입니다. 10분 남았습니다. 11点。还差十分钟。 스이 디엔 하이 차 스 펀 쭝
여행자	얼마나 걸립니까? 需要多长时间? 쉬 야오 뚜오 창 스 지엔
직 원	약 40분 걸립니다. 大概40分钟。 따 까이 쓰 스 펀 쭝

미술관 · 박물관 표시

- 10위엔 5마오
  10块5 스 콰이 우

- 입장료 무료
  门票免费 먼 피아오 미엔 페이

- 개관시간 오전 10시
  开馆时间上午10点 카이 관 스 찌엔 샹 우 스 디엔

- 폐관시간 오후 7시
  闭馆时间下午7点 삐 관 스 찌엔 시아 우 치 디엔

- 휴관
  休馆 시우 관

- 관계자 외 출입금지
  除工作人员禁止出入 추 꽁 쭈오 런 위엔 찐 즈 추 루

- 자료실
  资料室 쯔 랴오 쓰

- 출입금지
  禁止出入 찐 즈 추 루

- 사진 촬영 금지
  禁止拍照 찐 즈 파이 짜오

- 스케치 금지
  禁止素描 찐 즈 쑤 미아오

- 분실물 취급소
  失物招领处 스 우 짜오 링 추

- 고장
  故障 꾸 짱

❻ 공연장

오늘 밤 무슨 공연을 합니까?
今天晚上演什么?
찐 티엔 완 샹 앤 션 머

🐟 유용한 표현

- 다음주 금요일 뮤지컬 티켓을 2장 주세요.
  请给两张下周五的音乐喜剧票。
  칭 게이 량 쨩 시아 쩌우 우 더 인 위에 시 쮜 피아오

- 좋은 자리로 주세요.
  请给好一点的座位。
  칭 게이 하오 이 디엔 더 쭈오 웨이

- 언제라면 자리를 구할 수 있습니까?
  什么时候可以弄到票?
  션 머 스 허우 커 이 농 따오 피아오

- 시작은 (마지막은) 몇 시입니까?
  开场 (最后一场) 是几点?
  카이 창 (쮀이 허우 이 창) 스 지 디엔

- 오페라는 어디서 볼 수 있습니까?
  在哪儿可以看歌剧?
  짜이 날 커 이 칸 꺼 쮜

- 여기서 티켓을 살 수 있습니까?

    在这儿可以买到票吗?
    짜이 쩔 커 이 마이 따오 피아오 마

- 좌석 안내도가 있습니까?

    有没有座位图?
    여우 메이 여우 쭈오 웨이 투

- 몇 시에 시작합니까?

    几点开始?
    지 디엔 카이 스

- 몇 시에 끝납니까?

    几点结束?
    지 디엔 지에 쑤

관광

공연 관련어

· 음악회	音乐会	인 위에 회이
· 음악당	音乐大厅	인 위에 따 팅
· 극장	剧场	쮜 창
· 야외극장	露天剧场	루 티엔 쮜 창

· 공연	表演	비아오 앤
· 연극	戏剧	씨 쮜
· 뮤지컬	音乐喜剧	인 위에 시 쮜
· 발레	芭蕾	빠 레이
· 버라이어티쇼	轻歌舞剧	칭 꺼 우 쮜
· 오페라	歌剧	꺼 쮜

❼ 영화관

몇 시 표가 있습니까?
有几点场的票?
여우 지 디엔 창 더 피아오

유용한 표현

- 입장료는 얼마입니까?
  门票多少钱?
  먼 피아오 뚜오 샤오 치엔

- 영화관은 어디 있습니까?
  电影院在哪儿?
  띠엔 잉 위엔 짜이 날

- 영화를 보고 싶습니다.
  我想看电影。
  워 샹 칸 띠엔 잉

- 표 두 장 주세요.
  请给我两张票。
  칭 게이 워 량 짱 피아오

- 지금 인기 있는 것은 무엇입니까?
  现在最热门的是什么?
  시엔 짜이 쩌이 러 먼 더 쓰 션 머

- 자리는 있습니까?

  有没有座位?
  여우 메이 여우 쭈오 웨이

- 이 자리는 비어 있습니까?

  这个座位空着吗?
  쩌 거 쭈오 웨이 콩 저 마

- 입석이 있습니까?

  有没有站座?
  여우 메이 여우 짠 쭈오

관 광

 어 휘

· 영화관	电影院	띠엔 잉 위엔
· 영화	电影	띠엔 잉
· 인기 있는 것	**最热门**	쩨이 러 먼
· 입석	站座	짠 쭈오

⑧ 스포츠와 레포츠

테니스(골프)를 하고 싶습니다.
我想打网球(高尔夫)。
워 샹 다 왕 치우(까오 얼 푸)

유용한 표현

- 카누를 타고 싶습니다.
  我想坐独木舟。
  워 샹 쭈오 두 무 쩌우

- 투어에 참가하고 싶습니다.
  我想参加旅游。
  워 샹 찬 지아 뤼 여우

- 언제 반환해야 하나요?
  应该什么时候退还呢?
  잉 까이 션 머 스 허우 투이 환 너

- 더 작은 것은 없나요?
  有没有更小的?
  여우 메이 여우 껑 시아오 더

- 도구를 빌릴 수 있나요?
  可以借工具吗?
  커 이 찌에 꽁 쮜 마

- 테니스장이 있나요?
  有没有网球场?
  여우 메이 여우 왕 치우 창

- 라켓과 볼을 빌릴 수 있을까요?

  可以借球拍和球吗?

  커 이 찌우 치우 파이 허 치우 마

- 이 부근에 골프장은 없나요?

  这附近没有高尔夫球场吗?

  쩌 푸 찐 메이 여우 까오 얼 푸 치우 창 마

- 어떻게 입는 건가요?

  怎么穿?

  전 머 챤

- 보드를 빌려주십시오.

  请借给我棋盘。

  칭 찌에 게이 워 치 판

- 보증금은 얼마입니까?

  押金是多少?

  야 찐 쓰 뚜오 샤오

어휘

· 테니스	网球	왕 치우
· 골프	高尔夫	까오 얼 푸
· 카누	独木舟	두 무 쩌우
· 낚시	钓鱼	띠아오 위
· 스쿠버 다이빙	潜水	챈 수이
· 보드	棋盘	치 판

❾ 술집

한 잔 더 주세요.
请再来一杯。
칭 짜이 라이 이 뻬이

🔊 유용한 표현

- 이 근처에 바가 있나요?
  这附近有酒吧吗?
  쩌 푸 찐 여우 지우 빠 마

- 맥주를 주세요.
  请给我啤酒。
  칭 게이 워 피 지우

- 같은 걸로 부탁해요.
  我要一样的。
  워 야오 이 양 더

- 그것으로 하겠어요.
  我要那个了。
  워 야오 나 거 러

- 건배!
  干杯!
  깐 뻬이

- 제가 한 잔 살게요.
  我请你喝一杯。
  워 칭 니 허 이 뻬이

- 안주는 무엇이 있나요?
  有什么酒菜?
  여우 션 머 지우 차이

- 마른안주 있나요?
  有没有小吃?
  여우 메이 여우 시아오 츠

중국의 술 문화

중국 술은 4,000년의 역사를 가지고 있으며 남녀를 막론하고 술을 좋아하는 사람들이 많다. 뿐만 아니라 중국인들은 술을 많이 마시는 것으로 알려져 있다. 그러나 술 마시는 습관이 잘 절제되어 있어 술 주정을 하거나 술로 인해서 사회 질서를 어지럽게 하는 일은 많지 않다. 우리의 원샷에 해당하는 말이 중국에서는 '깐'이다. 그런데 중국인들의 주도는 술자리가 처음 시작됐을 때 술을 연거푸 석 잔 '깐깐깐' 하는 것이다. 빈속에다 석 잔 연거푸 독주를 들이키게 되면 그런 주법에 익숙하지 않은 외국인의 경우에는 초반부터 완전히 취해 버리고 한다. 이것도 일단 길들여지면 우리의 술자리보다 편한 점이 있기도 하다. 중국 사람들도 우리처럼 반강제적으로 술을 권하기도 하고 술을 못 먹으면 사회 생활하는 데 지장이 있다고 말할 정도이다. 하지만 일단 '깐깐깐'을 한 후에는 자기가 마시고 싶으면 마시고 그렇지 않으면 마시지 않아도 된다. 중국 사람들은 절대로 잔을 돌리지 않는다. 우리 나라 사람들이 중국 사람과 술을 마실 때 주의할 점이기도 하다. 우리처럼 술 마시면서 웃고 떠드는 건 그들도 상당히 좋아하지만, 음주 습관까지 같지는 않다. 술잔 돌리기가 우리에게나 정감 있는 것이지 외국 사람에게 강요한다면 아주 큰 곤혹감을 줄 뿐이다.

디스코장

디스코장에 가고 싶습니다.
我想去舞厅。
워 샹 취 우 팅

유용한 표현

- 쇼를 하는 나이트클럽이 있나요?
  有没有带表演的夜总会?
  여우 메이 여우 따이 비아오 앤 더 예 종 회이

- 어떤 쇼가 있나요?
  有什么演出?
  여우 션 머 앤 추

- 첫 번째 쇼는 몇 시에 하나요?
  第一个演出几点开始?
  띠 이 거 앤 추 지 디엔 카이 스

- 몇 시에 엽니까?
  几点开?
  지 디엔 카이

- 오늘 사람이 많나요?
  今天人多吗?
  찐 티엔 런 뚜오 마

쇼핑

1. 쇼핑 안내
2. 화장품 가게
3. 옷 가게
4. 안경 가게
5. 사진관
6. 보석 가게
7. 미용실
8. 슈퍼마켓
9. 계산하기
10. 포장
11. 배달
12. 반품 및 환불

❶ 쇼핑 안내

[기념품은 어디에서 살 수 있나요?
哪儿可以买纪念品？
날 커 이 마이 찌 니엔 핀]

유용한 표현

- 이 주변에 백화점이 있나요?
  这附近有百货商店吗？
  쩌 푸 찐 여우 바이 훠 샹 띠엔 마

▲ 흥교시장

- 오늘 개장합니까?
  今天开吗？
  찐 티엔 카이 마

- 차를 사고 싶은데요.
  我想买茶。
  워 샹 마이 차

- 면세점이 있습니까?
  有免税店吗？
  여우 미엔 쑤이 띠엔 마

- 이 부근에 쇼핑 센터가 있습니까?
  这附近有购物中心吗？
  쩌 푸 찐 여우 꺼우 우 쭝 씬 마

- 좋은 상점을 추천해 주세요.

  请推荐一个好商店。

  칭 투이 찌엔 이 거 하오 샹 띠엔

- 벼룩시장은 어디에 있습니까?

  跳蚤市场在哪儿？

  티아오 자오 스 창 짜이 날

- 언제 문을 엽니까? / 언제 문을 닫습니까?

  几点开门？/ 几点关门？

  지 디엔 카이 먼 / 지 디엔 꾸안 먼

- 어디에 가면 그것을 살 수 있을까요?

  去哪儿可以买到那个？

  취 날 커 이 마이 따오 나 거

- 세일합니까?

  打折吗？

  다 저 마

깜짝센스

외국인이 물건살 때 유의할 점

중국에서 쇼핑을 할 경우는 중국의 역사와 문화를 느낄 수 있는 공예품이나 한방관련 약, 차(茶) 등이 좋다. 또한 상점에 따라 가격 차이가 많이 나기 때문에 한 곳만을 돌아보고 사지 말고 여러 곳에서 가격과 품질을 확인해보고 사도록 한다. 중국에서는 관광객들에게 바가지를 씌우는 경향이 있지만, 국가에서 운영하는 국영상점은 정찰제를 실시하고 있다.

❷ 화장품 가게

브랜드가 뭡니까?
什么牌子?
션 머 파이 즈

유용한 표현

- 이 색깔과 비슷한 립스틱이 있나요?
  有没有跟这个颜色差不多的口红?
  여우 메이 여우 껀 쩌 거 앤 써 차 뿌 뚜오 더 커우 훙

- 이것과 똑같은 립스틱이 있나요?
  有没有跟这个一样的口红?
  여우 메이 여우 껀 쩌 거 이 양 더 커우 훙

- 색상은 이게 다인가요?
  颜色就这些吗?
  앤 써 찌우 쩌 시에 마

- 크리스챤 디올의 아이 섀도우가 있나요?
  有没有Christian Dior 的眼影?
  여우 메이 여우 씨 띠 더 앤 잉

- 어떤 색상의 화운데이션이 저한테 어울립니까?
  什么颜色的隔离霜符合我?
  션 머 앤 써 더 거 리 슈앙 푸 허 워

- 건성피부인가요?
- 是干性皮肤吗?
- 쓰 깐 씽 피 푸 마

어휘

립스틱	口红	커우 훙
아이 섀도우	眼影	앤 잉
화운데이션	隔离霜	거 리 슈앙
마스카라	睫毛膏	지에 마오 까오
매니큐어	指甲油	즈 지아 여우
스킨로션	爽肤水	슈앙 푸 수이
밀크로션	奶液	나이 예
영양크림	营养霜	잉 양 슈앙
기초화장품	基础化妆品	찌 추 화 쭈앙 핀
색조화장품	彩妆品	차이 쭈앙 핀

❸ 옷 가게

입어봐도 되나요?
可以穿一下吗?
커 이 챤 이 샤 마

유용한 표현

- 이것 좀 보여주세요.
  请给我看这个。
  칭 게이 워 칸 쩌 거

- 그냥 구경하고 있는 거에요.
  只是看看而已。
  즈쓰 칸 칸 얼 이

- 탈의실이 어디입니까?
  更衣室在哪儿?
  껑 이 쓰 짜이 날

- 어울리나요?
  合适吗?
  허 쓰 마

- 생각 좀 해 볼게요.
  我想一下。
  워 샹 이 샤

- 지금 유행하는 것이 뭔가요?
  现在正流行的是什么?
  시엔 짜이 쩡 리우 싱 더 쓰 션 머

- 어떤 브랜드가 좋은가요?
  什么牌子比较好?
  선 머 파이 즈 비 지아오 하오

- 다른 디자인이 있나요?
  有没有别的款式?
  여우 메이 여우 비에 더 콴 쓰

- 다른 옷들을 입어봐도 됩니까?
  可以试一试别的衣服吗?
  커 이 쓰 이 쓰 비에 더 이 푸 마

- 이게 다인가요?
  这是全部吗?
  쩌 쓰 츄엔 뿌 마

- 거울을 볼 수 있을까요?
  可以照镜子吗?
  커 이 짜오 찡 즈 마

- 그것으로 살게요.
  就买那个了。
  찌우 마이 나 거 러

깜짝센스

쇼핑

중국에서 쇼핑할 때는 무조건 값을 깎는 것이 좋다. 점원이 가격을 몇 배나 높여서 부르기 때문이다. 비싼 물건일 경우 처음 부른 가격의 30% 정도를 제시하고, 흥정해나간다.

 사이즈

- 약간 끼는데요.

  有点紧。
  여우 디엔 진

- 사이즈는 어떻게 되나요?

  多大号的?
  뚜오 따 하오 더

- 치수를 재주시겠어요?

  帮我量一下尺寸，好吗?
  빵 워 량 이 샤 츠 춘, 하오 마

- 어깨 사이즈를 재주세요.

  请帮我量一下肩宽。
  칭 빵 워 량 이 샤 찌엔 콴

- 이것은 작아요.

  这有点小。
  쩌 여우 디엔 시아오

- 큰 사이즈는 있습니까?

  有没有大号的?
  여우 메이 여우 따 하오 더

- 너무 커요. / 작아요.

  太大。/ 小了。
  타이 따 / 시아오 러

- 너무 길어요. / 짧아요.

  太长(短)了。
  타이 창(두안) 러

- 다른 사이즈 있나요?
  有没有别的号?
  여우 메이 어우 비에 더 하오

- 치수가 저한테 딱 맞네요.
  大小正适合我。
  따 시아오 쩡 쓰 허 워

- 사이즈를 모릅니다.
  不知道大小。
  뿌 쯔 따오 따 시아오

옷 종류

- 겉옷　　　　外套　　　　　　　와이 타오
- 니트웨어　　针织衣服　　　　　쩐 쯔 이 푸
- 속옷　　　　内衣　　　　　　　네이 이

- 드레스　　　晚礼服　　　　　　완 리 푸
- 바지　　　　裤子　　　　　　　쿠 즈
- 블라우스　　女士宽大短大衣　　뉘 쓰 콴 따 두안 따 이
- 셔츠　　　　衬衫　　　　　　　천 샨
- 스웨터　　　毛衣　　　　　　　마오 이
- 치마　　　　裙子　　　　　　　췬 즈

- 양복　　　　西服　　　　　　　시 푸
- 자켓　　　　夹克　　　　　　　쟈 커
- 코트　　　　大衣　　　　　　　따 이

❹ 안경 가게

안경이 망가졌어요.
眼镜坏了。
앤 찡 화이 러

유용한 표현

- 콘텍트 렌즈를 빠뜨렸어요.
  我弄掉了隐形眼镜。
  워 농 띠아오 러 인 싱 앤 찡

- 안경을 맞추고 싶습니다.
  我想配眼镜。
  워 샹 페이 앤 찡

- 시력검사를 해 주세요.
  请给我检查视力。
  칭 게이 워 지엔 차 스 리

- 저는 근시예요.
  我是近视。
  워 쓰 찐 스

- 안경을 고쳐주시겠어요?
  给我修理眼镜，好吗？
  게이 워 시우 리 앤 찡, 하오 마

상점 명칭

· 식기점	餐具店	찬 쮜 띠엔
· 식료품점	食品杂货店	스 핀 자 훠 띠엔
· 악기점	乐器店	위에 치 띠엔
· 안경점	眼镜店	앤 찡 띠엔
· 약국	药房	야오 팡
· 완구점	玩具店	완 쮜 띠엔
· 전문점	专门店	쭈안 먼 띠엔
· 주류점	酒店	지우 띠엔
· 철물점	五金商店	우 찐 샹 띠엔
· 할인점	打折店	다 저 띠엔

어휘

· 안경	眼镜	앤 찡
· 콘텍트 렌즈	隐形眼镜	인 싱 앤 찡
· 시력	视力	스 리
· 근시	近视	찐 스

❺ 사진관

필름을 현상해 주세요.
请帮我洗像。
칭 빵 워 시 샹

유용한 표현

- 36장 짜리 코닥 슬라이드용 필름 주세요.
  请给我36张的柯达胶卷。
  칭 게이 워 싼 스 리우 쌍 더 커 다 찌아오 쥬엔

- 얼마입니까?
  多少钱?
  뚜오 샤오 치엔

- 이 카메라용 전지 있습니까?
  有没有这个照相机的专门电磁?
  여우 메이 여우 쩌 거 시앙 찌 더 쭈안 먼 띠엔 츠

- 렌즈 뚜껑은 있습니까?
  有没有镜片盖子?
  여우 메이 여우 찡 피엔 까이 즈

- 이 카메라에 필름을 넣어 주세요.
  请往这相机里放胶卷。
  칭 왕 쩌 시앙 찌 리 팡 찌아오 쥬엔

- 셔터가 고장이에요.
 快门坏了。
 콰이 먼 화이 러

- 카메라를 수리해 주세요.
 请帮我修相机。
 칭 빵 워 시우 시앙 찌

- 금방 수리되나요?
 可以马上修好吗?
 커 이 마 샹 시우 하오 마

- 언제 수리가 끝납니까?
 什么时候能修好?
 션 머 스 허우 넝 시우 하오

- 이 필름 현상 좀 해주시겠어요?
 请帮我洗这个胶卷，好吗?
 칭 빵 워 시 쩌 거 찌아오 쥬엔, 하오 마

어휘

· 현상하다	洗像	시 샹
· 렌즈	镜片	찡 피엔
· 사진기	相机	시앙 찌
· 필름	胶卷	찌아오 쥬엔

❻ 보석 가게

> 보증서는 있습니까?
> **有没有保证书?**
> 여우 메이 여우 바오 쩡 슈

🔊 유용한 표현

- 순금입니까?
  是纯金吗?
  쓰 춘 찐 마

- 진품입니까?
  是真货吗?
  쓰 쩐 휘 마

- 방수가 됩니까?
  可以防水吗?
  커 이 팡 수이 마

- 한국에서 수리됩니까?
  可以在韩国修吗?
  커 이 짜이 한 궈 시우 마

- 시간을 맞춰 주세요.
  给我对一下表。
  게이 워 뚸이 이 샤 비아오

- 어느 나라 제품입니까?

  是哪国的产品？
  쓰 나 궈 더 찬 핀

- 어떤 종류의 원석입니까?

  是什么原石？
  쓰 션 머 위엔 스

- 저의 탄생석이 무엇인지 알려주세요.

  请告诉我，我的诞生石。
  칭 까오 쑤 워, 워 더 딴 셩 스

- 귀를 뚫고 싶습니다.

  我想扎耳眼儿。
  워 샹 짜 얼 얠

- 이것은 18k입니까?

  这是18k吗？
  쩌 쓰 스 빠 케이 마

 어 휘

· 보증서	保证书	바오 쩡 슈
· 순금	纯金	춘 찐
· 진품	真货	쩐 훠
· 방수	防水	팡 수이
· 원석	原石	위엔 스

❼ 미용실

컷트를 부탁합니다.
我要剪头。
워 야오 지엔 터우

유용한 표현

- 예약이 필요한가요?
  需要预订吗?
  쉬 야오 위 띵 마

- 어떻게 잘라드릴까요?
  怎么给您剪呢?
  전 머 게이 닌 지엔 너

- 곧 컷트할 수 있습니까?
  可以马上剪吗?
  커 이 마 샹 지엔 마

- 샴푸, 컷트, 드라이를 부탁합니다.
  我要洗发、理发、吹风。
  워 야오 시 파, 리 파, 추이 펑

- 파마를 해 주세요.
  请给我烫发。
  칭 게이 워 탕 파

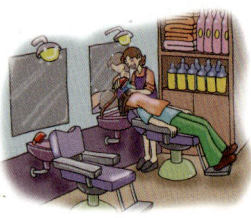

- 파마를 하고 싶은데요.
  我想烫发。
  워 상 탕 파

- 짧게 잘라 주세요.
  请给我剪短。
  칭 게이 워 지엔 두안

- 이 머리형으로 해 주세요.
  请给我弄这个头型。
  칭 게이 워 농 쩌 거 터우 싱

- 얼마인가요?
  多少钱?
  뚜오 샤오 치엔

- 이것은 팁이에요.
  这是小费。
  쩌 쓰 시아오 페이

어휘

· 컷트	剪头	지엔 터우
· 컷트	理发	리 파
· 드라이	吹风	추이 펑
· 파마	烫发	탕 파
· 머리형	头型	터우 싱
· 팁	小费	시아오 페이

8 슈퍼마켓

이걸로 세 개 주세요.
请给我这三个。
칭 게이 워 쩌 싼 거

유용한 표현

- 이 바나나의 유효기간은 언제까지입니까?
  这香蕉的有效期到什么时候?
  쩌 시앙 찌아오 더 여우 시아오 치 따오 선 머 스 허우

- 100g을 사겠습니다.
  我要买100克。
  워 야오 마이 이 바이 커

- 낱개로 팝니까?
  零卖吗?
  링 마이 마

- 한 개에 얼마입니까?
  一个多少钱?
  이 거 뚜오 샤오 치엔

- 이것으로 100g 주세요.
  请给我100克这个。
  칭 게이 워 이 바이 커 쩌 거

- 이것을 한 토막 주세요.
  请给我一块这个。
  칭 게이 워 이 콰이 쩌 거

- 전부 얼마입니까?
  总共多少钱?
  종 꽁 뚜오 샤오 치엔

- 큰 봉투 있습니까?
  有没有大袋儿?
  여우 메이 여우 따 딸

쇼핑

 어휘

· 바나나	香蕉	시앙 찌아오
· 유효기간	有效期	여우 시아오 치
· 소매	零卖	링 마이
· 큰봉투	大袋儿	따 딸

쇼핑 목록

· 가정용품	家庭用品	찌아 팅 용 핀
· 건강식품	保健食品	바오 찌엔 스 핀
· 곡류	谷类食品	구 레이 스 핀
· 냉동식품	冷冻食品	렁 똥 스 핀
· 농산물	农产品	농 찬 핀
· 문방구류	文具类	원 쮜 레이

· 주방용품	厨房用品	추 팡 용 핀
· 빵	面包	미엔 빠오
· 어류와 해산물	鱼类和海产品	위 레이 허 하이 찬 핀
· 욕실용품	洗浴用品	시 위 용 핀
· 유제품	乳制品	루 쯔 핀
· 육류	肉类	로우 레이

· 의류	服装	푸 주앙
· 종이제품	纸类产品	즈 레이 찬 핀
· 주류	酒类	지우 레이
· 청과류	水果类	수이 궈 레이
· 청량음료	清凉饮料	칭 량 인 랴오
· 캔제품	罐装产品	꾸안 쭈앙 찬 핀
· 향신료	香料	시앙 리아오

요리재료

한국어	中文	발음
아몬드	杏仁	싱 런
죽순	竹笋	주 순
양상추	抱子甘蓝	빠오 즈 깐 란
당근	胡萝卜	후 뤄 버
샐러리	芹菜	친 차이
코코넛	椰子	예 즈
오이	黄瓜	황 파
청완두	扁豆	삐엔 떠우
부추	韭菜	지우 차이
연근	莲藕	리엔 어우
버섯	蘑菇	모 꾸
양파	洋葱	양 총
감자	土豆	투 떠우
무	萝卜	뤄 버
토마토	西红柿	시 훙 쓰
물냉이	水田芥	수이 티엔 지에
살구	杏	싱
브로콜리	花茎甘蓝	화 찡 깐 란
콩	豆	떠우
양배추	甘蓝	깐 란
컬리 플라워	菜花	차이 화
밤	栗子	리 즈
옥수수	玉米	위 미
가지	茄子	치에즈
상추	生菜	성 차이
마카로니	通心粉	통 신 펀
올리브	橄榄	간 란
파슬리	荷兰芹	허 란 친
호두	核桃	허 타오
시금치	菠菜	뽀 차이

쇼핑

❾ 계산하기

더 싼 것은 없습니까?
有没有更便宜的?
여우 메이 여우 껑 피엔 이 더

흥정

- 싸게 해 주시겠습니까?
  能便宜点吗?
  넝 피엔 이 디엔 마

- 현금으로 사면, 할인해 줍니까?
  用现金的话, 可以打折吗?
  용 시엔 찐 더 화, 커 이 다 저 마

- 가격이 너무 비싸군요.
  价格太贵了。
  찌아 거 타이 꾸이 러

- 디스카운트해 주면 사겠어요.
  能打折就买了。
  넝 다 저 찌우 마이 러

- 싸게 해 주세요.
  便宜点儿。
  피엔 이 디알

 지불

- 얼마입니까?
  多少钱?
  뚜오 샤오 치엔

- 계산원이 어디 있나요?
  出纳员在哪儿?
  추 나 위엔 짜이 날

- 어떤 신용카드를 받나요?
  收什么信用卡?
  쇼우 션 머 신 용 카

- 세금 포함입니까?
  包括税吗?
  빠오 쿼 쑤이 마

- 어디에 싸인합니까?
  在哪儿签字?
  짜이 날 치엔 쯔

- 영수증을 주시겠어요?
  给我收据, 好吗?
  게이 워 쇼우 쮜, 하오 마

- 거스름돈이 틀려요.
  找错零钱了。
  자오 추오 링 치엔 러

쇼핑

⑩ 포장

선물 포장을 해주세요.
请给我打礼品包装。
칭 게이 워 다 리 핀 빠오 쭈앙

유용한 표현

- 하나씩 싸 주세요.
  请给我一个一个包。
  칭 게이 워 이 거 이 거 빠오

- 조심해서 싸 주세요.
  请小心包。
  칭 시아오 신 빠오

- 종이백 하나 얻을 수 있을까요?
  我可以要一个纸袋吗?
  워 커 이 야오 이 거 즈 따이 마

- 각각 따로 포장해 주시겠어요?
  请分别包装一下,好吗?
  칭 펀 비에 빠오 쭈앙 이 샤, 하오 마

- 함께 포장해 주시겠어요?
  一起包装,好吗?
  이 치 빠오 쭈앙, 하오 마

- 박스에 넣어주세요.
  请放在盒子里。
  칭 팡 짜이 허즈 리

- 단단히 포장해 주시겠어요?
  请包紧一点，好吗?
  칭 빠오 진 이 디엔, 하오 마

- 포장할 필요 없습니다.
  不用包装。
  부 용 빠오 쭈앙

- 그냥 가방에 넣겠습니다.
  直接放到包里吧。
  즈 지에 팡 따오 빠오 리 바

- 리본으로 묶어주시겠어요?
  请扎蝴蝶结，好吗?
  칭 자 후 디에 지에, 하오 마

쇼핑

어휘

선물	礼品	리 핀
포장	包装	빠오 쭈앙
종이백	纸袋	즈 따이
박스	盒子	허즈
리본	蝴蝶结	후 디에 지에

⑪ 배달

항공우편으로 부탁합니다.
我要寄航空邮件。
워 야오 찌 항 콩 여우 찌엔

유용한 표현

- 배달해 줍니까?

  能给投递吗?
  넝 게이 토우 띠 마

- 주소가 정확합니까?

  地址正确吗?
  띠 즈 쩡 추에 마

- 항공우편으로 한국에 도착하려면 얼마나 걸립니까?

  用航空邮件寄到韩国得多长时间?
  용 항 콩 여우 찌엔 찌 따오 한 궈 데이 뚜오 창 스 지엔

- 언제 도착합니까?

  什么时候到?
  션 머 스 허우 따오

- 오늘 받고 싶습니다.

  我想今天收到。
  워 샹 찐 티엔 쇼우 따오

- 이 주소로 보내 주세요.

  请往这个地址寄。
  칭 왕 쩌 거 띠 즈 찌

- 호텔로 와인을 배달해 주시겠어요?

  请往宾馆送葡萄酒，好吗?
  칭 왕 삔 관 쏭 푸 타오 지우, 하오 마

- 이것을 한국에 보낼 수 있습니까?

  把这个寄到韩国可以吗?
  바 쩌 거 찌 따오 한 궈 커 이 마

- 운송료는 얼마입니까?

  运费是多少钱?
  윈 페이 쓰 뚜오 샤오 치엔

- 항공우편은 얼마입니까?

  航空邮件多少钱?
  항 콩 여우 찌엔 뚜오 샤오 치엔

- 며칠 정도 걸립니까?

  需要几天?
  쉬 야오 지 티엔

- 깨지기 쉽습니다.

  容易碎。
  롱 이 쑤이

 어휘

· 항공우편	航空邮件	항 콩 여우 찌엔
· 배달	投递	토우 띠
· 주소	地址	띠 즈
· 운송료	运费	윈 페이
· 깨지다	碎	쑤이

쇼핑

⑫ 반품 및 환불

반품하고 싶어요.
我想退货。
워 샹 투이 훠

 유용한 표현

- 돈은 이미 지불했습니다.
  已经付款了。
  이 징 푸 콴 러

- 판매원을 불러주세요.
  请叫一下售货员。
  칭 찌아오 이 샤 쇼우 훠 위엔

- 이것은 영수증입니다.
  这是收据。
  쩌 쓰 쇼우 쮜

- 교환할 수 있습니까?
  可以换吗?
  커 이 환 마

- 환불해 줍니까?
  可以退钱吗?
  커 이 투이 치엔 마

- 사이즈가 맞지 않아요.
  大小不合适。
  따 시아오 뿌 허 쓰

- 이것은 제가 산 것과 다른데요.
  这跟我买的不一样。
  쩌 껀 워 마이 더 뿌 이 양

- 전혀 사용하지 않았습니다.
  根本没用。
  껀 번 메이 용

- 어제 샀는데요.
  昨天买的。
  주오 티엔 마이 더

- 단추가 떨어졌어요.
  纽扣掉了。
  니우 커우 띠아오 러

- 사이즈가 저한테 안 맞아요.
  大小不适合我。
  따 시아오 뿌 스 허 워

어휘

· 반품	退货	투이 훠
· 쇼윈도우	橱窗	추 촹
· 판매원	售货员	쇼우 훠 위엔
· 단추	纽扣	니우 커우

손 님	아가씨, 스타킹과 양말을 파는 매장은 어디에 있습니까? 小姐，卖长筒袜和袜子的柜台在哪儿？ 시아오 지에, 마이 창 통 와 허 와 즈 더 꾸이 타이 짜이 날
안내원	에스컬레이터 오른쪽에 있습니다. 在扶梯的右边。 짜이 푸 티 더 여우 비엔
손 님	속옷 매장 옆에 있습니까? 在内衣柜台的旁边吗？ 짜이 네이 이 꾸이 타이 더 팡 비엔 마
안내원	네, 손님. 是的，顾客。 쓰 더, 꾸 커
손 님	감사합니다! 谢谢! 씨에 씨에

통신 · 우편

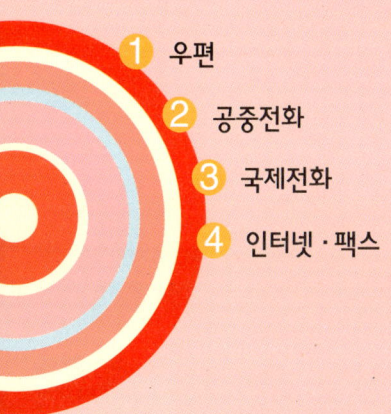

1. 우편
2. 공중전화
3. 국제전화
4. 인터넷 · 팩스

❶ 우편

한국에 항공편(선편)으로 보내주십시오.
请帮我空运(船运)到韩国。
칭 빵 워 콩 윈 (촨 윈) 따오 한 궈

유용한 표현

- 이 편지를 등기로 보내려고 합니다.
  我想寄挂号信。
  워 샹 찌 꽈 하오 씬

  ▲ 우편엽서

- 우체국(우체통)은 어디에 있습니까?
  邮局(邮筒)在哪儿?
  여우 쥐 (여우 통) 짜이 날

- 우체국은 몇 시에 엽니까?
  邮局几点开?
  여우 쥐 지 디엔 카이

- 중앙 우체국은 어디입니까?
  中央邮局在哪儿?
  쭝 양 여우 쥐 짜이 날

- 여기서 우표를 살 수 있습니까?
  在这儿可以买邮票吗?
  짜이 쩔 커 이 마이 여우 피아오 마

- 항공 우편 요금은 얼마입니까?

    航空邮件多少钱?
    항 콩 여우 찌엔 뚜오 샤오 치엔

- 속달(등기)로 부쳐주십시오.

    请给我寄快件(挂号)。
    칭 게이 워 찌 콰이 찌엔 (꽈 하오)

- 안에 뭐가 들어있나요?

    里面有什么?
    리 미엔 여우 션 머

- 소포용 상자가 있나요?

    有没有包裹箱?
    여우 메이 여우 빠오 궈 시앙

- 소포용으로 포장해 주시겠어요?

    请给我打成包裹好吗?
    칭 게이 워 다 청 빠오 궈 하오 마

- 우편엽서도 파나요?

    也卖明信片吗?
    이에 마이 밍 신 피엔 마

- 이것은 깨지기 쉬워요.

    这个容易碎。
    쩌 거 롱 이 쑤이

통신・우편

실용회화
Dialogue

직 원	그것의 내용물은 뭡니까? 那里面装了什么？ 나 리 맨 쭈앙 러 션 머
여행자	모두 개인용품입니다. 都是私人用品。 또우 쓰 쓰 런 용 핀
직 원	항공편입니까, 선편입니까? 是空运，还是船运？ 쓰 콩 윈, 하이 쓰 촨 윈
여행자	항공편으로 부탁합니다. 我要空运。 워 야오 콩 윈
직 원	이 편지 어디로 보내실 건가요? 这封信寄到哪儿？ 쩌 펑 씬 찌 따오 날
여행자	한국의 서울로요. 보통 우편으로 보내주세요. 韩国的汉城。寄普通邮件。 한 궈 더 한 청 찌 푸 통 여우 찌엔

우체국 관련어

한국어	中文	발음
우편엽서	明信片	밍 신 피엔
그림엽서	(图片)明信片	(투 피엔) 밍 신 피엔
항공봉함엽서	航空信封明信片	항 콩 신 펑 밍 신 피엔
편지지	信纸	신 즈
봉투	信封	신 펑

한국어	中文	발음
발신인	寄信人	찌 신 런
수신인	收信人	쇼우 신 런
주소	地址	띠 즈

한국어	中文	발음
등기우편	挂号信	꽈 하오 신
선편	船舶邮件	찬 보 여우 찌엔
소포	邮包	여우 빠오
속달	快件	콰이 찌엔

한국어	中文	발음
우체국	邮局	여우 쥐
우체통	邮筒	여우 통
우표	邮票	여우 피아오
취급주의	注意搬运	쭈 이 빤 윈

한국어	中文	발음
항공 우편	航空邮件	항 콩 여우 찌엔
항공편	空运	콩 윈

▲ 북경국제 우전국청사

② 공중전화

공중전화 한 통화에 얼마입니까?
打一次公用电话多少钱?
다 이 츠 꽁 용 띠엔 화 뚸오 샤오 치엔

유용한 표현

- 전화 사용법을 알려주십시오.
  请告诉我使用电话的方法。
  칭 끼오 쑤 워 스 용 띠엔 화 더 팡 파

- 공중전화가 어디 있나요?
  公用电话在哪儿?
  꽁 용 띠엔 화 짜이 날

- 동전을 먼저 넣습니까?
  先投币吗?
  시엔 토우 삐 마

- 305호실 부탁합니다.
  请给我转305号房。
  칭 게이 워 주안 싼 링 우 하오 팡

- 메시지를 남겨 주세요!
  请留言!
  칭 리우 얜

- 죄송합니다, 잘못 걸었군요.
  对不起，我打错了。
  뚜이 뿌 치, 워 다 추오 러

- 이곳에 한국어를 할 수 있는 사람이 있나요?
  这儿有没有懂韩国语的人？
  쩔 여우 메이 여우 둥 한 궈 위 더 런

- 돈을 바꿔 주시겠습니까?
  请给我换一下钱，好吗？
  칭 게이 워 환 이 샤 치엔, 하오 마

- 다시 전화하겠습니다.
  我重新打。
  워 총 신 다

- 동전이 없습니다.
  没有硬币。
  메이 여우 잉 삐

- 전하실 말씀이 있습니까?
  有没有要转告的话？
  여우 메이 여우 야오 주안 까오 더 화

통신·우편

실용회화
Dialogue

투숙객	미스터 이를 부탁합니다. 请找一下李先生。 칭 자오 이 샤리 시엔 성
직 원	그는 외출중입니다. 他出去了。 타 추 취 러
투숙객	전화 사용법을 알려 주십시오. 请告诉我使用电话的方法。 칭 까오 쑤 워 스 용 띠엔 화 더 팡 파
직 원	먼저 카드를 넣으세요. 先插卡。 시엔 차 카

전화 관련어

· 공중전화	公用电话	꽁 용 띠엔 화
· 전화박스	电话亭	띠엔 화 팅
· 수화기	听筒	팅 통
· 전화번호	电话号码	띠엔 화 하오 마
· 다이얼	拨号盘	뽀 하오 판
· 교환원	电话接线员	띠엔 화 찌에 시엔 위엔
· 국가번호	国家代码	궈 지아 따이 마
· 지역번호	地区号	띠 취 하오
· 구내전화선	电话分机	띠엔 화 펀 찌
· 번호안내	电话号码查询	띠엔 화 하오 마 차 쉰
· 보통통화	一般通话	이 빤 통 화
· 긴급전화	紧急电话	진 지 띠엔 화
· 시내통화	市内电话	스 네이 띠엔 화
· 장거리통화	长途电话	창 투 띠엔 화
· 국제전화	国际长途	궈 찌 창 투
· 콜렉트콜	对方付款	뚜이 퐝 푸 콴
· 지명통화	提名通话	티 밍 통 화

긴급전화번호

- 주중국대사관 ◐ TEL : (86-10)6532-0290, FAX : (86-10)6532-0141
  당직용 HP : 1360-103-0178
- 주중국대사관(영사부) ◐ TEL : (86-10)6532-6773~5
  FAX : (86-10)6532-6778, 사건사고용 HP : 136-0103-0167
- 주선양영사사무소 ◐ TEL : (86-24)2385-7820, FAX : (86-24)2385-6549
- 주상해총영사관 ◐ TEL : (86-21)6219-6417/20, FAX : (86-21)6219-6918
- 주청도총영사관 ◐ TEL : (86-532)897-6001, FAX : (86-532)897-6005
- 주광주총영사관 ◐ TEL : (86-20)3887-0555, FAX : (86-20)3887-0923
- 주홍콩총영사관 ◐ TEL : (852)2529-4141, FAX : (852)2361-369

❸ 국제전화

한국에 국제전화를 걸려고 합니다.
我要往韩国打国际长途。
워 야오 왕 한 궈 다 궈 찌 창 투

유용한 표현

- 국제전화는 어떻게 겁니까?
  国际长途怎么打?
  궈 찌 창 투 전 머 다

- 콜렉트콜로 부탁합니다.
  我要打对方付费电话。
  워 야오 다 뚜이 팡 푸 페이 띠엔 화

- 지명통화(번호통화)를 부탁합니다.
  我要提名通话(号码通话)。
  워 야오 티 밍 통 화 (하오 마 통 화)

- 전화번호는 82-2-724-2050입니다.
  电话号码是82-2-724-2050。
  띠엔 화 하오 마 쓰 빠 얼 얼 쓰 치 얼 쓰 얼 링 우 링

- 이 전화로 국제전화를 걸 수 있습니까?
  用这个电话可以打国际长途吗?
  용 쩌 거 띠엔 화 커 이 다 궈 찌 창 투 마

- 한국에 전화하려면 어떻게 합니까?
  怎么往韩国打电话?
  전 머 왕 한 궈 다 띠엔 화

- 전화가 중간에 끊겼습니다.

  电话中途掉线了。
  띠엔 화 쭝 투 띠아오 시엔 러

- 끊지 말고 기다리세요.

  请不要挂断，等一下。
  칭 부 야오 꽈 뚜안, 덩 이 샤

- 끊고 기다려 주세요.

  请挂断电话，等一下。
  칭 꽈 뚜안 띠엔 화, 덩 이 샤

- 저에요, 말씀하세요.

  是我，请讲话。
  쓰 워, 칭 지앙 화

- 아무도 받지 않습니다.

  没人接。
  메이 런 찌에

- 번호는 몇 번입니까?

  你要拨什么电话号码?
  닌 야오 뽀 션 머 띠엔 화 하오 마

- 통화중입니다.

  占线儿。
  짠 시알

- 국제 전화요금은 얼마입니까?

  国际长途费是多少钱?
  궈 찌 창 투 페이 쓰 뚜오 샤오 치엔

교환원	교환입니다, 무엇을 도와드릴까요? 接线台．您需要什么服务？ 찌에 시엔 타이, 닌 쉬 야오 션 머 푸 우
여행자	한국의 서울에 전화하고 싶습니다. 我想给韩国的汉城打电话。 워 샹 게이 한 궈 더 한 청 다 띠엔 화
교환원	전화번호는 몇 번입니까? 电话号码是多少？ 띠엔 화 하오 마 쓰 뚜오 샤오
여행자	6216-5316입니다. 6216-5316。 리우 얼 야오 리우 우 산 야오 리우
교환원	연결되었습니다. 말씀해주세요. 接通了．请说话。 찌에 통 러, 칭 슈오 화
여행자	감사합니다! 谢谢！ 씨에 씨에

1. 중국에서 우리 나라로 전화할 때

국제 인식번호인 00과 한국의 국가번호(82)-0을 뺀 지역번호-걸고자 하는 곳의 전화번호 순으로 누르면 된다.
예) 서울 123-4567로 통화시 : 00-82-2-123-4567

호텔에서 건다면 호텔의 외선번호를 먼저 누른 뒤에 이 번호를 누른다. 호텔전화의 경우, 기본 전화요금에 호텔의 서비스요금이 10~15% 정도 추가된다. 수신자 부담전화로는 한국통신(108821), 데이콤(108828)과 온세통신(108827) 등이 있다.

2. 우리 나라에서 중국으로 전화할 때

001(또는 002)-86(국가번호)-지역번호-전화번호

④ 인터넷·팩스

이메일을 확인하려고 합니다.
我想确认电子邮件。
워 샹 츄에 런 띠엔 즈 여우 찌엔

유용한 표현

- 호텔에서 제 이메일을 확인할 수 있나요?
  在宾馆可以确认我的电子邮件吗?
  짜이 삔 관 커 이 츄에 런 워 더 띠엔 즈 여우 찌엔 마

- 인터넷을 사용할 수 있는 곳이 있나요?
  有没有可以使用因特网的地方?
  여우 메이 여우 커 이 스 용 인 터 왕 더 띠 팡

- 자료 검색을 할 것이 있는데요.
  我要搜索资料。
  워 야오 써우 쉬 쯔 랴오

- 인터넷이나 팩스를 이용할 수 있을까요?
  可以使用因特网或传真吗?
  커 이 스 용 인 터 왕 훠 추안 쩐 마

- 한국에 팩스를 보내고 싶습니다.
  我想往韩国发传真。
  워 샹 왕 한 궈 파 추안 쩐

문제 발생

1. 긴급 상황
2. 도난
3. 분실
4. 신용카드·여권 재발급
5. 병원
6. 약국
7. 차 고장
8. 교통사고
9. 길을 잃었을 때

❶ 긴급 상황

아주 급합니다!
非常紧急!
페이 창 진 지

유용한 표현

- 앰블런스를 불러 주세요.
  请叫救护车。
  칭 찌아오 찌우 후 처

- 의사(경찰)을 불러주세요.
  请叫医生(警察)。
  칭 찌아오 이 셩 (징 차)

- 도와줄 사람을 보내 주세요!
  请派人来帮助我!
  칭 파이 런 라이 빵 쭈 워

- 친구가 없어졌어요.
  我的朋友不见了。
  워 더 펑 여우 부 찌엔 러

- 배가 너무 아파요.
  肚子很痛。
  뚜 즈 헌 통

- 가장 가까운 병원이 어디죠?
  最近的医院在哪儿?
  쮀이 찐 더 이 위엔 짜이 날

- 병원으로 데려가 주세요.
  请带我到医院。
  칭 따이 워 따오 이 위엔

- 여기 부상자 한 명이 있습니다.
  这儿有一个负伤人员。
  쩔 여우 이 거 푸 상 런 위엔

- 제가 병원으로 데려다 줄게요.
  我带你到医院。
  워 따이 니 따오 이 위엔

어휘

앰블런스	救护车	찌우 후 처
의사	医生	이 성
경찰	警察	징 차
병원	医院	이 위엔

깜짝센스

병에 걸리거나 다쳤을 때

호텔에 머문 경우라면 프론트에 연락하여 의사를 부르는 것이 가장 좋다. 호텔에 따라서 전속 의사가 있기도 하고, 또 한국어가 통하는 의사를 불러주기도 한다. 그러나 호텔에 투숙하지 않았다면 영어가 통하는 병원으로 가야만 한다. 출발 전에 여행상해보험에 가입해 두었으면 치료비 보상을 받을 수 있다. 국내에서 보험금을 청구하려면 의사진단서, 치료비 명세서, 치료비 영수증 등이 필요하다.

❷ 도난

여권을 도난당했습니다.
我的护照被盗了。
워 더 후 짜오 뻬이 따오 러

🗨 유용한 표현

- 저 사람을 붙잡아요!
  抓住那个人！
  쭈아 쭈 나 거 런

- 경찰을 불러 주세요!
  请叫警察！
  칭 찌아오 징 차

- 한국대사관에 연락해 주십시오.
  请联系韩国大使馆。
  칭 리엔 씨 한 궈 따 스 관

- 도둑이야!
  小偷！
  시아오 터우

- 지갑(가방)을 소매치기 당했습니다.
  我的钱包(包)被偷了。
  워 더 치엔 빠오(빠오) 뻬이 터우 러

- 어제 지하철에서 지갑을 소매치기 당했어요.
  昨天，在地铁里面钱包被盗了。
  주오 티엔, 짜이 띠 티에 리 미엔 치엔 빠오 뻬이 따오 러

- 소매치기 당했습니다.
  被偷了。
  뻬이 터우 러

- 저 남자가 제 지갑을 훔쳐갔어요.
  那个男的偷了我的钱包。
  나 거 난 더 터우 러 워 더 치엔 빠오

- 바로 저 사람이에요.
  就是那个人。
  찌우 쓰 나 거 런

- 일본어를 할 수 있는 분 계십니까?
  有没有懂日语的人？
  여우 메이 여우 동 르 위 더 런

주요 기관
화재신고(119) / 긴급의료구호(120) / 범죄신고(110)

주요 병원
협화의원(북경) : 6529-6114,
중・일우호의원(북경) : 6422-1122

북경시 공안국 외국인 출입경관리처 : 6524-1440 / 6525-3102

실용회화
Dialogue

직 원	물건을 어디에서 잃어버리셨죠? 在哪儿丢的东西? 짜이 날 띠우 더 똥 시
여행자	지갑을 어디에서 잃어버렸는지 모르겠습니다. 我不知道在哪儿丢了钱包。 워 뿌 쯔 따오 짜이 날 띠우 러 치엔 빠오

직 원	지갑에 뭐가 들어 있습니까? 钱包里面有什么? 치엔 빠오 리 미엔 여우 션 머
여행자	약간의 현금하고 여행자수표요. 有一点钱和旅行支票。 여우 이 디엔 치엔 허 뤼 싱 쯔 피아오

직 원	분실기록서를 작성해 주십시오. 请填好丢失纪录表。 칭 티엔 하오 띠우 쓰 찌 루 비아오
여행자	찾게 되면, 여기로 연락 바랍니다. 找到的话, 请往这儿联系。 자오 따오 더 화, 칭 왕 쩔 리엔 씨

긴급상황

- 도와주세요!   帮帮忙!   빵 빵 망
- 도둑이야! 잡아라!   小偷, 抓小偷。   시아오 터우, 쭈아 시아오 터우
- 저놈 잡아라!   抓住他!   쭈아 쭈 타
- 위험해요!   危险!   웨이 시엔
- 꼼짝마!   不许动!   뿌 쉬 똥
- 엎드려!   趴下!   파 시아
- 비상사태입니다!   紧急情况!   진 지 칭 쾅
- 119로 전화해 주세요.   请打119。   칭 다 야오 야오 지우
- 불이야!   着火了!   자오 훠 러
- 화재 신고를 하려구요.   我要申报火灾。   워 야오 션 빠오 훠 짜이
- 화장실을 써도 될까요?   可以用卫生间吗?   커 이 용 웨이 성 찌엔 마

문제 발생

중국화장실

1. 유료 화장실

중국 대부분의 화장실은 유료로서, 수도 북경의 번화가인 왕부정(王府井, 왕푸징) 거리나 상해의 남경로 등 그 도시를 대표하는 거리의 화장실, 자금성, 이화원, 예원, 요원 등의 화장실 모두가 유료이다. 대부분의 백화점 역시 유료이다. 먼저 매표소에서 표를 구매하여 남자 화장실과 여자 화장실 입구에 서 있는 검표원에게 표를 제시하고 들어간다.

2. 무료 화장실

호텔, 식당, 우의 상점 등이며 비교적 청결한 편이다. 화장실에는 화장지가 없으며 유료인 경우 매표소에서 화장지를 무료로 조금 준다.

❸ 분실

분실계는 어디입니까?
失物招领处在哪儿?
스 우 짜우 링 추 짜이 날

유용한 표현

- 여권(여행자 수표)를 분실했습니다.
  我丢了护照(旅行支票)。
  워 띠우 러 후 짜오 (뤼 싱 쯔 피아오)

- 어디에서 찾을 수 있습니까?
  在哪儿可以找到?
  짜이 날 커 이 자오 따오

- 제 가방을 찾으면, 연락 바랍니다.
  找到我的包, 请跟我联系。
  자오 따오 워 더 빠오, 칭 껀 워 리엔 씨

- 물건을 어디에서 잃어버리셨죠?
  在哪儿丢了东西?
  짜이 날 띠우 러 똥 시

- 기억이 나지 않습니다.
  我记不起来了。
  워 찌 뿌 치 라이 러

- 저희가 보관하고 있겠습니다.
  我们来保管。
  워 먼 라이 바오 관

- 찾으면, 연락드리겠습니다.
  找到的话，会跟您联络。
  자오 따오 더 화, 회이 껀 닌 리엔 뤄

- 어떻게 연락하면 됩니까?
  怎么跟您联络呢？
  전 머 껀 닌 리엔 뤄 너

- 짐이 보이지 않습니다.
  我的行李不见了。
  워 더 싱 리 부 찌엔 러

- 즉시 카드를 지불 정지시켜 주세요.
  请马上给我挂失。
  칭 마 샹 게이 워 꽈 스

문제 발생

 어휘

· 분실계	失物招领处	스 우 짜오 링 추
· 잃다	丢	띠우
· 찾다	找	자오
· 지불 정지시키다	挂失	꽈 스

❹ 신용카드 · 여권 재발급

여권을 재발급해 주십시오.
请给我重办护照。
칭 게이 워 총 빤 후 짜오

 유용한 표현

- 여권을 재발급하러 왔습니다.

  我来重办护照。
  워 라이 총 빤 후 짜오

- 재발급할 수 있습니까?

  可以重办吗?
  커 이 총 빤 마

- 구입 증명서를 갖고 있나요?

  有没有购买凭单?
  여우 메이 여우 꺼우 마이 핑 딴

- 언제 발급 받을 수 있습니까?

  什么时候可以办好?
  션 머 스 허우 커 이 빤 하오

- 어디서 발급 받을 수 있습니까?

  可以在哪儿办?
  커 이 짜이 날 빤

- 재발급하는 데 시간이 얼마나 걸립니까?

  重办需要多长时间?

  총 빤 쉬 야오 뚜오 창 스 지엔

- 새 카드는 언제 받을 수 있나요?

  新卡么时候能收到?

  신 카 션 머 스 허우 넝 쇼우 따오

- 카드를 취소시켜 주세요.

  帮我取消卡.

  빵 워 취 시아오 카

 어휘

· 여권	护照	후 짜오
· 재발급	重办	총 빤
· 구입 증명서	购买凭单	꺼우 마이 핑 딴

⑤ 병원

몸이 그다지 좋지 않습니다.
身体不太好。
션 티 부 타이 하오

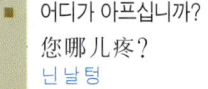 진찰실

- 어디가 아프십니까?
  您哪儿疼？
  닌 날 텅

- 한국어를 할 수 있는 의사는 안 계신가요?
  有没有懂韩国语的医生？
  여우 메이 여우 둥 한 궈 위 더 이 성

- 웃옷을 벗어주시겠습니까?
  请脱掉上衣，可以吗？
  칭 퉈 띠아오 샹 이 커 이 마

- 여기 누워보십시오.
  请在这儿躺好。
  칭 짜이 쩔 탕 하오

- 셔츠의 단추를 풀러주십시오.
  请解开衬衫的纽扣。
  칭 지에 카이 천 샨 더 니우 커우

- 깊이 숨을 쉬어 보십시오.
  请深呼吸。
  칭 션 후 시

- 입을 벌리고 '아' 해보십시오.
  请张嘴啊一下。
  칭 짱 주이 아 이 샤

- 맥박을 재보겠습니다.
  让我诊一下脉。
  랑 워 전 이 샤 마이

- 체온을 재보겠습니다.
  让我量一下体温。
  랑 워 량 이 샤 티 원

- 상태가 어떻습니까?
  什么症状?
  션 머 쩡 쭈앙

- 여기가 아파요.
  这儿疼。
  쩔 텅

문제 발생

의사에게 문의

- 여행을 계속해도 되나요?
  可以继续旅行吗?
  커 이 찌 쉬 뤼 싱 마

- 걸어도(목욕해도) 되나요?
  可以走 (洗澡) 吗?
  커 이 저우 (시 자오) 마

- 어디가 안 좋은가요?
  哪儿不好?
  날 뿌 하오

- 주사는 어디에서 맞나요?
  在哪儿打针?
  짜이 날 다 쩐

- 이 보험증을 사용할 수 있습니까?
  可以使用这个保险证吗?
  커 이 스 용 쩌 거 바오 시엔 쩡 마

- 진단서를 끊어주시겠어요?
  请给我开一个诊断书好吗?
  칭 게이 워 카이 이 거 전 뚜완 슈 하오 마

- 언제 회복될까요?
  什么时候可以恢复?
  션 머 스 허우 커 이 후이 푸

- 입원해야 하나요?

  要住院吗?
  야오 쭈 위엔 마

의사의 처방

- 처방전을 드리겠습니다.

  给您处方。
  게이 닌 추 팡

- 주사를 놓겠습니다.

  给你扎针。
  게이 니 짜 쩐

- 이틀간 입원해야 합니다.

  要住院两天。
  야오 쭈 위엔 량 티엔

- 담배와 술을 금하십시오.

  禁止烟酒。
  찐 즈 옌 지우

- 처방전을 가지고 약국에 가십시오.

  拿好处方去药房。
  나 하오 추 팡 취 야오 팡

실용회화
Dialogue

의 사	어디가 아프십니까? 哪儿疼? 날 텅
환 자	여기가 아픕니다. 这儿疼。 쩔 텅

의 사	그밖에는요? 除了这儿呢? 추 러 쩔 너
환 자	토할 것 같아요. 想吐。 샹 투

의 사	혈액형은 무엇입니까? 什么血型? 션 머 슈에 싱
환 자	저의 혈액형은 AB형입니다. 我的血型是AB型。 워 더 슈에 싱 쓰 에이 삐 싱

병의 증상

- 머리가 아파요.
  头疼。 터우 텅

- 설사가 납니다.
  拉肚子。 라 뚜즈

- 토할 것 같아요.
  想吐。 샹 투

- 현기증이 납니다.
  头晕。 터우 윈

- 열이 있어요.
  发烧。 파 샤오

- 기침이 납니다.
  咳嗽。 커 써우

- 콧물이 납니다.
  流鼻涕。 리우 비 티

- 목이 심하게 아픕니다.
  嗓子很疼。 상 즈 헌 텅

- 식욕이 없어요.
  没有食欲。 메이 여우 스 위

- 속이 쓰리고 소화가 되질 않습니다.
  胃酸, 而且消化不良。
  웨이 쏸. 얼 치에 시아오 화 뿌 량

- 감기에 걸렸어요.
  我感冒了。 워 간 마오 러

- 저는 알레르기가 있어요.
  我爱过敏。 워 아이 꿔 민

- 온 몸에 두드러기가 났어요.
  全身都出了豆。
  츄엔 션 또우 추 러 떠우

- 발목이 삐었습니다.
  歪脚了。 와이 지아오 러

- 다리가 부러졌어요.
  腿断了。 투이 뚜완 러

❻ 약국

이 처방전대로 약을 조제해 주세요.
请按这个处方配药。
칭 안 쩌 거 추 팡 페이 야오

유용한 표현

- 처방전 없이도 약을 살 수 있나요?
  没有处方也可以买药吗?
  메이 여우 추 팡 이에 키 이 마이 야오 마

- 감기약(위장약, 설사약) 좀 주세요.
  请给我感冒药(胃药,泻药)。
  칭 게이 워 간 마오 야오 (웨이 야오, 시에 야오)

- 피로회복제 있나요?
  有没有消除疲劳的药?
  여우 메이 여우 시아오 추 피 라오 더 야오

- 어떻게 복용해야 합니까?
  应该怎么服用?
  잉 까이 전 머 푸 용

- 약을 몇 회 복용해야 합니까?
  要服用几次?
  야오 푸 용 지 츠

- 식전에 먹습니까? 식후에 먹습니까?

  是饭前吃，还是饭后吃？
  쓰 판 치엔 츠, 하이 쓰 판 허우 츠

- 부작용은 없습니까?

  有没有副作用？
  여우 메이 여우 푸 쭈오 용

- 의사한테 가십시오.

  去看医生。
  취 칸 이 셩

문제 발생

어휘

· 조제	配药	페이 야오
· 약을 사다	买药	마이 야오
· 감기약	感冒药	간 마오 야오
· 위장약	胃药	웨이 야오
· 설사약	泻药	시에 야오
· 복용하다	服用	푸 용
· 부작용	副作用	푸 쭈오 용
· 입원하다	住院	쭈 위엔

여행자	이 처방전대로 약을 조제해 주시겠어요? 按这个处方给我配药，好吗? 안 쩌 거 추 팡 게이 워 페이 야오 하오 마
약 사	예, 약 여기 있습니다. 好了，这是您的药。 하오 러, 쩌 쓰 닌 더 야오
여행자	하루에 몇 번 약을 복용해야 합니까? 一天服用几次药? 이 티엔 푸 용 지 츠 야오
약 사	하루 세 번 식후(식전)에 복용하십시오. 饭后(饭前)服用三次。 판 허우(판 치엔) 푸 용 싼 츠
여행자	위장약 있습니까? 有没有胃药? 여우 메이 여우 웨이 야오
약 사	처방전 없이는 약을 팔 수 없습니다. 没有处方卖不了药。 메이 여우 추 팡 마이 뿌 리아오 야오

신체의 부분 身体

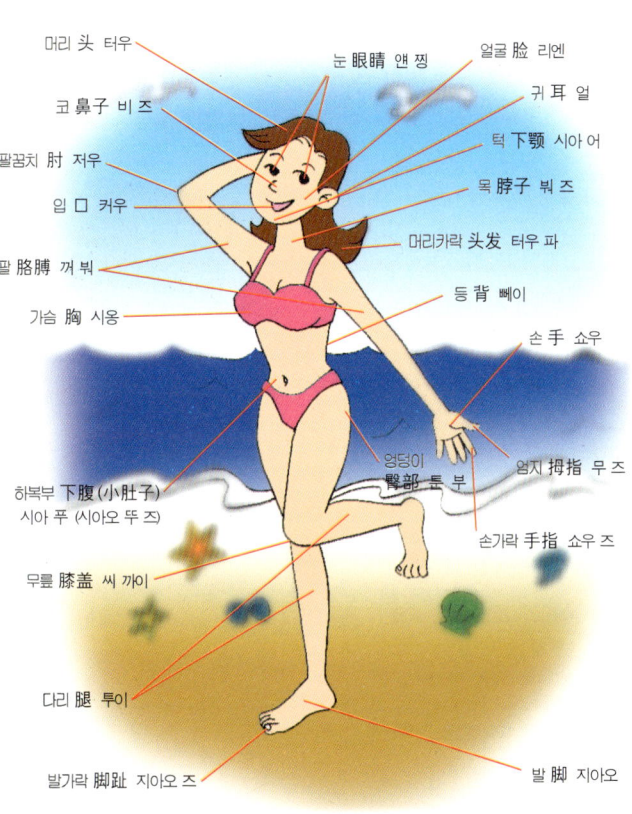

- 머리 头 터우
- 눈 眼睛 앤 찡
- 얼굴 脸 리엔
- 코 鼻子 비 즈
- 귀 耳 얼
- 팔꿈치 肘 저우
- 턱 下颚 시아 어
- 입 口 커우
- 목 脖子 붜 즈
- 팔 胳膊 꺼 붜
- 머리카락 头发 터우 파
- 가슴 胸 시옹
- 등 背 뻬이
- 손 手 쇼우
- 엄지 拇指 무 즈
- 엉덩이 臀部 툰 부
- 하복부 下腹(小肚子) 시아 푸 (시아오 뚜 즈)
- 손가락 手指 쇼우 즈
- 무릎 膝盖 씨 까이
- 다리 腿 투이
- 발가락 脚趾 지아오 즈
- 발 脚 지아오

문제 발생

❼ 차 고장

제 차가 고장났습니다.
我的车出了故障。
워 더 처 추 러 꾸 짱

 유용한 표현

- 브레이크가 잘 작동하지 않습니다.
  车闸不好使。
  치 자 뿌 하오 스

- 클러치에 이상이 있는 것 같습니다.
  好像离合器出了故障。
  하오 샹 리 허 치 추 러 꾸 짱

- 차의 상태가 좋지 않습니다.
  车的状态不怎么好。
  처 더 쭈앙 타이 뿌 전 머 하오

- 수리기사를 불러주세요.
  请叫修理师。
  칭 찌아오 시우 리 쓰

- 수리를 부탁해요.
  我要修理。
  워 야오 시우 리

- 밧데리가 나갔습니다.

  没电磁了。
  메이 띠엔 츠 러

- 수리는 언제 됩니까?

  什么时候可以修好?
  션 머 스 허우 커 이 시우 하오

- 엔진이 고장입니다.

  引擎出了故障。
  인 칭 추 러 꾸 짱

문제 발생

 어휘

고장	故障	꾸 짱
브레이크	车闸	처 자
클러치	离合器	리 허 치
수리기사	修理师	시우 리 쓰
엔진	引擎	인 칭

8 교통사고

교통사고가 났어요.
出了交通事故。
추 러 찌아오 퉁 쓰 꾸

 ### 사고 발생

- 교통사고를 신고하려고 합니다.
  我要申告交通事故。
  워 야오 션 까오 찌아오 퉁 쓰 꾸

- 차 사고에 연루되었습니다.
  我被牵涉到交通事故。
  워 뻬이 챈 써 따오 찌아오 퉁 쓰 꾸

- 자동차에 치었습니다.
  被车撞了。
  뻬이 처 쭈앙 러

- 뺑소니 차에 치었어요.
  被肇事车撞了。
  뻬이 짜오 쓰 처 쭈앙 러

- 부상을 입었습니다.
  受伤了。
  쇼우 샹 러

 사고 증명

- 사고 증명서를 주십시오.
  请给我事故证明书。
  칭 게이 워 쓰 꾸 쩡 밍 슈

- 연락할 곳이 있나요?
  有没有可以联系的地方?
  여우 메이 여우 커 이 리엔 씨 더 띠 팡

- 보험회사에 연락해 주세요.
  请跟保险公司联系。
  칭 껀 바오 시엔 꽁 쓰 리엔 씨

- 제 잘못이 아닙니다.
  不是我的错。
  부 쓰 워 더 추오

- 저는 교통신호를 지켰습니다.
  我遵守了交通信号。
  워 준 쇼우 러 찌아오 통 씬 하오

- 저는 녹색신호등에서 길을 건넜습니다.
  我在绿灯的时候过的马路。
  워 짜이 뤼 떵 더 스 허우 꾸오 더 마 루

- 저는 교통신호를 무시했습니다.
  我忽视了交通信号。
  워 후 쓰 러 찌아오 통 씬 하오

문제 발생

- 운전면허증과 등록증을 보여주세요.

  请给我看驾驶证和登记证。

  칭 게이 워 칸 찌아 스 쩡 허 떵 찌 쩡

- 국제 운전면허증과 여권입니다.

  这是国际驾驶证和护照。

  쩌 쓰 궈 찌 찌아 스 쩡 허 후 짜오

- 사고가 어디에서 났습니까?

  在哪儿出的事故?

  짜이 날 추 더 쓰 꾸

- 이제 가도 됩니까?

  现在可以走吗?

  시엔 짜이 커 이 저우 마

- 다친 사람이 있습니까?

  有没有人受伤?

  여우 메이 여우 런 쇼우 샹

- 다리(팔)이 부러졌어요.

  腿(胳膊)断了。

  투이 (꺼 붜) 뚜안 러

실용회화
Dialogue

경찰서	경찰서입니다, 무엇을 도와드릴까요? 这里是派出所，愿意为您效劳。 쩌 리 쓰 파이 추 쒀, 위엔 이 웨이 닌 시아오 라오
사고자	교통사고를 신고하려고 합니다. 我要申告交通事故。 워 야오 션 까오 찌아오 통 쓰 꾸
경찰서	부상자가 있나요? 有没有受伤者? 여우 메이 여우 쇼우 샹 저
사고자	제 남편이 부상을 입었습니다. 我的丈夫受伤了。 워 더 쨩 푸 쇼우 샹 러
경찰서	응급처치는 했습니까? 进行急救措施了吗? 찐 싱 지 치우 추오 쓰 러 마
사고자	예, 앰블런스를 보내 주십시오. 是的，请叫救护车。 쓰 더, 칭 찌아오 찌우 후 처

문제 발생

❾ 길을 잃었을 때

실례합니다만, 길을 잃었습니다.
对不起, 我迷路了。
뚜이 뿌 치, 워 미 루 러

유용한 표현

- 여기가 어디죠?
  这是哪儿?
  쩌 쓰 날

- 지도상에서 제가 어디에 있는 겁니까?
  在地图上, 我在哪儿?
  짜이 띠 투 샹, 워 짜이 날

- 여기에 약도 좀 그려주십시오.
  在这儿画一下略图。
  짜이 쩔 화 이 샤 뤠 투

- 제 지도에 표시해 주시겠어요?
  在我的地图上标一下, 好吗?
  짜이 워 더 띠 투 샹 비아오 이 샤, 하오 마

- 어떻게 가야 합니까?
  应该怎么走?
  잉 까이 전 머 저우

- 여기서 가까운가요?
  离这儿近吗?
  리 쩔 찐 마

- 이 길은 무슨 길입니까?
  这是什么路?
  쩌 쓰 션 머 루

- 얼마나 걸립니까?
  需要多长时间?
  쉬 야오 뚜오 창 스 지엔

- 그곳에 가려면 얼마나 걸립니까?
  到那儿需要多长时间?
  따오 날 쉬 야오 뚜오 창 스 지엔

- 여기서 몇 정거장입니까?
  离这儿有几站?
  리 쩔 여우 지 짠

- 이 길의 이름은 무엇입니까?
  这条路叫什么?
  쩌 티아오 루 찌아오 션 머

문제 발생

실용회화
Dialogue

여행자	죄송하지만, 여기가 어디인지 말씀해 주세요. 劳驾，请告诉我这是哪儿。 라오 찌아, 칭 까오 쑤 워 쩌 쓰 날
경 찰	어디를 가려고 하십니까? 要去哪儿? 야오 취 날
여행자	저는 힐튼호텔에 가려고 합니다. 我要去希尔顿饭店。 워 야오 취 씨 얼 뚠 판 띠엔
경 찰	똑바로 가셔서, 오른쪽으로 도세요. 直走，然后往右拐。 즈 저우, 란 허우 왕 여우 콰이
여행자	아주 먼가요? 很远吗? 헌 위엔 마
경 찰	아니오, 그리 멀지 않습니다. 不，不怎么远。 뿌, 뿌 전 머 위엔

귀국

1. 예약 재확인
2. 출국

❶ 예약 재확인

재확인을 부탁해요.
请重新确认一下。
칭 총 신 츄에 런 이 샤

 유용한 표현

- 대기자 명단에 몇 명이 있습니까?

  候机者名单里有几个人?
  허우 찌 저 밍 딴 리 여우 지 거 런

- 대기자 명단에 있어야 합니까?

  应该在候机者的名单里吗?
  잉 까이 짜이 허우 찌 저 더 밍 딴 리 마

- 아침 비행기에 좌석이 있습니까?

  早班飞机有座位吗?
  자오 빤 페이 찌 여우 쭈오 웨이 마

- 한국에서 예약했는데요.

  在韩国预订好了。
  짜이 한 궈 위 띵 하오 러

- 재확인해야 합니까?

  要重新确认吗?
  야오 총 신 츄에 런 마

- 몇 시에 체크인해야 합니까?

  要几点办登机手续?

  야오 지 디엔 빤 떵 찌 쇼우 쉬

- 제 이름이 리스트에 있습니까?

  我的名字在名单上吗?

  워 더 밍 즈 짜이 밍 딴 상 마

- 재확인되었습니다.

  重新确认好了。

  총 신 츄에 런 하오 러

- 몇 시에 체크인해야 합니까?

  要几点办登机手续?

  야오 지 디엔 빤 떵 찌 쇼우 쉬

- 몇 편 비행기입니까?

  是哪一航班?

  쓰 나 이 항 빤

깜짝센스

항공권 재확인

항공권의 재확인 절차, 즉 해당일에 그 항공편을 이용하겠다는 의사를 늦어도 출발 3일 전까지 항공사에 알리는 것. 리컨펌이 늦어질 경우 예약 취소로 간주하여 대기자들로 자리를 채우기 때문에 자칫하면 비행기를 타지 못하는 불상사를 초래할 수 있으므로 요주의!

❷ 출국

출국수속 카운터는 어디입니까?
出境手续台在哪儿?
추 찡 쇼우 쒸 타이 짜이 날

유용한 표현

- 서울에 몇 시에 도착합니까?
  几点到汉城?
  지 디엔 따오 한 청

▲ 출국카드

- 출국카드가 필요합니까?
  需要出境卡吗?
  쉬 야오 추 찡 카 마

- 출국 신고서를 써야 합니까?
  要填出境申报表吗?
  야오 티엔 추 찡 션 빠오 비아오 마

- 출국 신고서를 어디에서 받습니까?
  在哪儿拿出境申报表?
  짜이 날 나 추 찡 션 빠오 비아오

- 공항요금을 내야 합니까?
  要交机场税吗?
  야오 찌아오 찌 창 쑤이 마

- 최종 도착지를 체크해주세요.

  请核对最终目的地。
  칭 허 뛔이 쩨이 쭝 무 띠 띠

- 수하물 초과요금은 얼마입니까?

  超重费是多少?
  챠오 쭝 페이 쓰 뚜오 샤오

- 추가요금을 내야 합니다.

  要交附加费吗?
  야오 찌아오 푸 찌아 페이 마

- 몇 번 게이트입니까?

  几号口?
  지 하오 커우

- 탑승 게이트는 어디입니까?

  登机口在哪儿?
  떵 찌 커우 짜이 날

어휘

· 출국카드	出境卡	추 찡 카
· 출국신고서	出境申报表	추 찡 션 빠오 비아오
· 공항요금	机场税	찌 창 쑤이

실용회화
Dialogue

여 행 자	여보세요, 동방 항공입니까? 喂，是东方航空吗? 웨이, 쓰 똥 팡 항 콩 마
항공사직원	네, 무엇을 도와드릴까요? 是的，您需要什么服务? 쓰 더, 닌 쉬 야오 션 머 푸 우
여 행 자	예약을 변경하고 싶은데요. 我想更改预订。 워 샹 껑 가이 위'띵
항공사직원	이름과 비행기편을 말씀해 주시겠어요? 告诉我您的姓名和航班。 까오 쑤 워 닌 더 씽 밍 허 항 빤
항공사직원	예약이 확인되었습니다. 已确认了您的预订。 이 츄에 런 러 닌 더 위 띵
여 행 자	감사합니다! 谢谢! 씨에 씨에

304

출국 수속

예약 재확인 (RECONFIRM)
출발 72시간 전까지 전화 또는 항공사의 사무소에 예약을 재확인해 둔다.

공항 (AIRPORT) 도착

체크인 (CHECK-IN)
항공사의 카운터에서 여권(passport), 항공권(ticket)을 제시하고 하물(baggage)을 맡기고, 탑승권(boarding card)과 하물인환증(claim tag)을 받는다. 국가에 따라서는 공항세(airport tax)를 지불하는 경우도 있다. 무료수탁하물(free baggage)에는 기내 반입 수하물(carry-on), 탁송하물(checked baggage)이 있다. 하물의 중량이 제한량을 초과한 경우에는 초과 수하물(excess baggage)이 되어 초과 요금(excess charge)을 지불해야 한다.

세관 (CUSTOMS)
현지통화의 반입액 이상의 반출은 금지되어 있다. 입국시의 소지금 신고와 출국시의 소지금을 검사하는 경우도 있으므로 주의할 것.

출국 심사
세금환급 수속, 출국심사, 수하물 검사를 마치고 탑승구(boarding gate)로 간다.

중국의 경축일

- 1월 1일 　　　　　　　신정(전체휴일)
- 음력1월1일~3일 　　　춘절(전체휴일)
- 3월 8일 　　　　　　　부녀절(부녀자)
- 5월 1일 　　　　　　　노동절(전체휴일)
- 5월 4일 　　　　　　　청년절(중학생 이상)
- 6월 1일 　　　　　　　아동절(어린이)
- 8월 1일 　　　　　　　건군절(군대 및 군사기관)
- 9월 10일 　　　　　　교사절(교직원)
- 10월 1일~2일 　　　　국경절(전체휴일)

중국의 업무시간

중국의 출·퇴근 시간은 행정기관과 회사의 사무시간의 경우 08:00에서 17:00까지가 기본이다. 12시를 전후하여 1~2시간의 점심시간이 있다. 따라서 중국에서 행정기관에 볼 일이 있을 때는 되도록 오전에 일찍 서두르는 것이 좋다. 하지만 은행의 경우 경축일 등을 제외하고는 일요일에도 직원이 나와 있기 때문에 현금지급이나 공과세 등을 처리할 수 있다. 상점의 경우 보통 해가 지면 문을 닫는다.

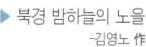

▶ 북경 밤하늘의 노을
　 -김영노 作

핵심단어장
Core Wordbook

핵심 단어장

- 가이드 导游 다오 여우
- 가죽 皮革 피 거
- 감자튀김 炸薯条 자 수 티아오
- 객실 机舱 찌 창
- 거스름돈 零钱 링 치엔
- 거울 镜子 찡 즈
- 건전지 电池 띠엔 츠
- 걷다 走 저우
- 검색 搜索 써우 쉬
- 게이트 登机口 떵 찌 커우
- 계산서 帐单 짱 딴
- 계산하다 结帐 지에 짱
- 고용하다 雇用 꾸 용
- 고장 故障 꾸 짱
- 골프 高尔夫 까오 얼 푸
- 공공교통 기관의 노선도 公交车路线图 꽁 찌아오 처 루 시엔 투
- 공기를 주입하다 打汽 다 치
- 공단 贡缎 꽁 뚜안
- 공원 公园 꽁 위엔
- 공중전화 公用电话 꽁 용 띠엔 화
- 공항 机场 찌 창
- 공항요금 机场税 찌 창 쑤이
- 과일 水果 수이 궈
- 관광 游览 여우 란

관광지도	旅游地图	뤼 여우 띠 투
교외	郊外	찌아오 와이
교통사고	交通事故	찌아오 통 쓰 꾸
교통신호	交通信号	찌아오 통 씬 하오
교환원	电话接线员	띠엔 화 찌에 시엔 위엔
구경거리	景点	징 디엔
구내전화선	电话分机	띠엔 화 펀 찌
구명동의	救生衣	찌우 성 이
국가번호	国家代码	궈 찌아 따이 마
국제 면허증	国际驾驶证	궈 찌 찌아 스 쩡
국제전화	国际电话	궈 찌 띠엔 화
귀중품	贵重物品	꾸이 쭝 우 핀
극장	剧场	쮜 창
근시	近视	찐 스
금연석	禁烟席	찐 옌 시
금지하다	禁止	찐 즈
급행표	特快票	터 콰이 피아오
기내 선반	机内行李架	찌 네이 싱 리 찌아
기념품	纪念品	찌 니엔 핀
기장	机长	찌 장
긴급전화	紧急电话	진 지 띠엔 화
길다	长	창
길을 잃다	迷路	미 루
깨끗하다	干净	깐 찡
깨지다	碎	쑤이
끊기다	断线	뚜안 시엔
끼다	紧	진

- 낚시   钓鱼   띠아오 위
- 난방   热气   러 치
- 남다   剩   셩
- 냉방   冷气   렁 치
- 놓치다   错过   추오 꾸오
- 눕다   躺   탕

- 다이얼   拨号盘   뽀 하오 판
- 담요   毯子   탄 즈
- 더   更   껑
- 데님   斜纹粗棉布   시에 원 추 미엔 뿌
- 도난   盗   따오
- 도둑   小偷   시아오 터우
- 도시 지도   市内地图   스 네이 띠 투
- 동물원   动物园   뚱 우 위엔
- 동전   硬币   잉 삐
- 동전을 넣다   投币   토우 삐
- 두다   落   루오
- 등록증   登记证   떵 찌 쩡
- 디자인   款式   콴 쓰
- 디저트   甜食   티엔 스

- 락카 小橱柜 시아오 추 꾸이
- 레귤러(휘발유) 普通汽油 푸 통 치 여우
- 렌즈 镜片 찡 피엔
- 리무진 서비스 民航班车 민 항 빤 처
- 립스틱 口红 커우 홍

- 마 麻 마
- 만석 满座 만 쭈오
- 맛 味儿 월
- 망고 芒果 망 궈
- 멀미 봉투 呕吐袋 어우 투 따이
- 메뉴 菜谱 차이 푸
- 메시지 留言 리우 얜
- 면 棉 미엔
- 면세점 免税店 미엔 쑤이 띠엔
- 명소 旅游胜地 / 名胜 뤼 여우 성 띠 / 밍 성
- 몇호선 几号线 지 하오 시엔
- 모피 毛皮 마오 피
- 문제 问题 원 티
- 물 水 수이
- 뮤지컬 音乐喜剧 인 위에 시 쮜

바꾸다	换	환
박물관	博览会	뷔 란 회이
발레	芭奈	빠 레이
발차 시간	发车时间	파 처 스 지엔
방 열쇠	房间钥匙	팡 찌엔 야오 스
방법	方法	팡 파
방수	防水	팡 수이
배달	投递	토우 띠
백포도주	白葡萄酒	바이 푸 타오 지우
백화점	百货商店	바이 훠 샹 띠엔
뱃멀미	晕船	윈 촨
버라이어티쇼	轻歌舞剧	칭 꺼 우 쮜
버스 노선도	汽车路线图	치 처 루 시엔 투
번호안내	电话号码查询	띠엔 화 하오 마 차 쉰
벗다	脱	투오
베개	枕头	전 터우
벨벳	丝绒	쓰 롱
벼룩시장	跳蚤市场	티아오 자오 쓰 창
변기	马桶	마 통
보관하다	保管	바오 관
보드	棋盘	치 판
보증서	保证书	바오 쩡 슈
보통통화	一般通话	이 빤 통 화
보험회사	保险公司	바오 시엔 꽁 쓰
부상을 입다	受伤	쇼우 샹
분실계	失物招领处	스 우 짜오 링 추
불	灯	떵
불편하다	不方便	뿌 팡 비엔
붙잡다	抓	쭈아

브랜드	牌子	파이 즈
브레이크	刹车 / 车闸	싸 처 / 처 자
비누	肥皂	페이 짜오
비수기	淡季	딴 찌
비행기 티켓	机票	찌 피아오
비행기 편명	飞机航班	페이 찌 항 빤
비행기	航班	항 빤
빅맥 햄버거	巨无霸	쮜 우 빠
빨대	吸管	씨 관
뺑소니차	肇事车	짜오 쓰 처

사고증명서	事故证明书	쓰 꾸 쩡 밍 슈
사이즈	尺寸	츠 춘
사진기	相机	샹 찌
사진촬영 금지	禁止拍照	찐 즈 파이 짜오
산소 마스크	氧气罩	양 치 짜오
상단	上铺	샹 푸
샤워기	淋浴器	린 위 치
선불	先付	시엔 푸
성인 티켓	成人票	청 런 피아오
세이프 박스	保险箱	바오 시엔 시앙
세탁기	洗衣机	시 이 찌
세트메뉴	套菜	타오 차이
소매	零卖	링 마이
소화약	消化药	시아오 화 야오
쇼	表演	비아오 옌
쇼핑몰	购物中心	꺼우 우 쭝 씬

■ 수리기사	修理师	시우 리 쓰
■ 수속	登机手续	떵 찌 쇼우 쉬
■ 수신자 부담 전화	对方付费电话	뚜이 팡 푸 페이 띠엔 화
■ 수영	游泳	여우 용
■ 수하물 초과요금	超重费	챠오 쭝 페이
■ 수화기	听筒	팅 통
■ 슈퍼마켓	超市	차오 쓰
■ 숙박비	住宿费	쭈 쑤 페이
■ 순금	纯金	춘 찐
■ 술 담배	烟酒	옌 지우
■ 스케줄	日程表	르 청 비아오
■ 스페셜 요리	特色菜	터 써 차이
■ 슬라이드 필름	幻灯胶卷	환 떵 찌아오 쥬엔
■ 승무원	乘务员	청 우 위엔
■ 시끄럽다	吵	챠오
■ 시내 투어	市内游	스 네이 여우
■ 시내통화	市内电话	스 네이 띠엔 화
■ 시력	视力	스 리
■ 시트	床单	추앙 딴
■ 식당칸	餐车	찬 처
■ 식물원	植物园	즈 우 위엔
■ 신고하다	申告	션 까오
■ 신용카드	信用卡	신 용 카
■ 싱겁다	淡	딴

아스피린	阿司匹林	아 쓰 피 린
아이 섀도우	眼影	앤 잉
아이스크림	冰激凌	삥 찌 링
아프다	疼	텅
안경	眼镜	앤 찡
안에서 잠기다	反锁	판 쉬
안전 벨트	安全带	안 츄엔 따이
야외극장	露天剧场	루 티엔 쮜 창
약국	药房	야오 팡
약도	略图	뤠 투
양피	羊皮	양 피
양식	表格	비아오 거
어깨 사이즈	肩宽	찌엔 콴
어린이 티켓	小孩儿票	시아오 할 피아오
에어컨	空调	콩 티아오
엔진	引擎	인 칭
여행사	旅行社	뤼 싱 셔
여행자 수표	旅游支票	뤼 여우 쯔 피아오
연극	戏剧	시 쮜
연루되다	牵涉	챈 써
연장하다	延长	얜 창
연중행사	年中庆典	니엔 쭝 칭 디엔
영수증	发票 / 收据	파 피아오 / 쇼우 쮜
영화	电影	띠엔 잉
영화관	电影院	띠엔 잉 위엔
예약	预订	위 띵
예약금	押金	야 찐
예약하다	订	띵
오페라	歌剧	꺼 쮜

▪ 옮기다	搬	빤
▪ 왕복 항공권	往返机票	왕 판 찌 피아오
▪ 외출	外出	와이 추
▪ 우유	牛奶	니우 나이
▪ 우편물	邮件	여우 찌엔
▪ 운송료	运费	윈 페이
▪ 운임	搬运费	빤 윈 페이
▪ 운행하다	发	파
▪ 유원지	游览地	여우 란 띠
▪ 유적지	古迹	구 찌
▪ 유행	流行	리우 싱
▪ 유효기간	有效期	여우 시아오 치
▪ 음악당	音乐大厅	인 위에 따 팅
▪ 음악회	音乐会	인 위에 회이
▪ 의사	医生	이 성
▪ 의자	椅子	이 즈
▪ 이등석	二等舱	얼 덩 창
▪ 이메일	电子邮件	띠엔 즈 여우 찌엔
▪ 익다	熟	슈
▪ 인기	热销	러 시아오
▪ 인터넷	因特网	인 터 왕
▪ 인화	洗印	시 인
▪ 일등석	头等舱	터우 덩 창
▪ 일인용 선실	单人舱	딴 런 창
▪ 잃다	丢	띠우
▪ 입국 신고서	入境申报单	루 찡 션 빠오 딴
▪ 입석	站座	짠 쭈오

자동	自动	쯔 똥
자전거	自行车	쯔 싱 처
작다	小	시아오
작성하다	填	티엔
잠시만	暂时	잔 스
잡지	杂志	자 쯔
장거리통화	长途电话	창 투 띠엔 화
재확인하다	重新确认	총 신 츄에 런
전화	电话	띠엔 화
전화박스	电话亭	띠엔 화 팅
전화번호	电话号码	띠엔 화 하오 마
정돈하다	整理	정 리
조용하다	安静	안 찡
좌석	座位	쭈오 웨이
죄송하다	抱歉	빠오 치엔
주사를 맞다	打针	다 쩐
주소	地址	띠 즈
주유소	加油站	찌아 여우 짠
지갑	钱包	치엔 빠오
지도	地图	띠 투
지역번호	地区号	띠 취 하오
지하철 노선도	地铁路线图	띠 티에 루 시엔 투
지하철 역	地铁站	띠 티에 짠
지하철 표	地铁票	띠 티에 피아오
직행편	直达航班	즈 다 항 빤
진단서	诊断书	전 뚜안 슈
짐 맡기는 곳	行李寄存处	싱 리 찌 춘 추
짐	行李	싱 리

- 차 — 茶 — 차
- 차다 — 踢 — 티
- 창가측 — 靠窗 — 카오 촹
- 찾다 — 找 — 자오
- 채널 — 频道 — 핀 따오
- 처방 — 处方 — 추 팡
- 천천히 — 慢点 — 만 디엔
- 청소 — 打扫 — 다 사오
- 체온 — 体温 — 티 원
- 체크 — 检查 — 지엔 차
- 체크아웃 — 退房 — 투이 팡
- 체크인 — 登机手续 — 떵 찌 쇼우 쉬
- 총액수 — 总数 — 종 슈
- 최종 목적지 — 最终目的地 — 쩨이 쭝 무 띠 띠
- 추가요금 — 附加费 — 푸 찌아 페이
- 추천 요리 — 拿手菜 — 나 쇼우 차이
- 추천하다 — 推荐 — 투이 찌엔
- 축제 — 庆节 — 칭 지에
- 출국 수속 카운터 — 出境手续台 — 추 찡 쇼우 쉬 타이
- 출국 신고서 — 出境申报表 — 추 찡 션 빠오 비아오
- 출국카드 — 出境卡 — 추 찡 카
- 출항 — 启航 — 치 항
- 취소하다 — 取消 — 취 시아오
- 치마 — 裙子 — 췬 즈
- 치약 — 牙膏 — 야 까오
- 치즈 — 奶酪 — 나이 라오
- 침대카 — 卧铺 — 워 푸

- 카누   独木舟   두 무 쩌우
- 카드 키   钥匙卡   야오 스 카
- 카운터   柜台   꾸이 타이
- 칵테일   鸡尾酒   찌 웨이 지우
- 캐시미어   山羊绒   싼 양 롱
- 컬러 필름   彩色胶卷   차이 써 찌아오 쥬엔
- 콘텍트 렌즈   隐形眼镜   인 싱 얜 찡
- 콜라   可乐   커 러
- 콜렉트콜   对方付费电话   뛔이 팡 푸 페이 띠엔 화
- 크다   大   따
- 큰봉투   大袋儿   따 딸
- 클러치   离合器   리 허 치

- 타이어   轮胎   룬 타이
- 탈의실   更衣室   껑 이 쓰
- 탑승권   登机牌   떵 찌 파이
- 택시 정류소   出租车乘降站   추 쭈 처 청 시앙 짠
- 테니스   网球   왕 치우
- 테이블   桌子   쭈오 즈
- 텔레비전   电视   띠엔 쓰
- 통과 카드   过境卡   꾸오 찡 카
- 통화중   占线   짠 시엔

핵심단어장

- 팩스 | 传真 | 촨 쩐
- 편도 기차표 | 单程火车票 | 딴 청 훠 처 피아오
- 편도 항공권 | 单程机票 | 딴 청 찌 피아오
- 포장 | 打包 | 다 빠오
- 포터 | 行李员 | 싱 리 위엔
- 포함하다 | 包括 | 빠오 쿼
- 표시하다 | 标 | 비아오
- 플래쉬 금지 | 禁止用闪光灯 | 찐 즈 용 샨 꽝 떵
- 플랫폼 | 站台 | 짠 타이
- 필름 | 胶卷 | 찌아오 쥬엔

- 한국 대사관 | 韩国大使馆 | 한 궈 따 스 관
- 할인 | 打折 | 다 저
- 합산하다 | 合算 | 허 쏸
- 항공권 | 机票 | 찌 피아오
- 항공우편 | 航空邮件 | 항 콩 여우 찌엔
- 항구 | 港口 | 걍 커우
- 햄버거 | 汉堡包 | 한 바오 바오
- 향수 | 香水 | 시앙 수이
- 현상 | 洗像 | 시 샹
- 호출 버튼 | 呼叫键 | 후 찌아오 찌엔
- 화장실 | 卫生间 | 웨이 셩 찌엔
- 확인하다 | 确认 | 츄에 런
- 환승 카운터 | 转机口 | 주안 찌 커우
- 휴지 | 手纸 | 쇼우 즈
- 흑백필름 | 黑白胶卷 | 헤이 바이 찌아오 쥬엔
- 흡연석 | 吸烟席 | 씨 옌 시